Renascer no luto

Renascer no luz

Mateo Bautista • Nora e Daniel Sitta

Renascer no luto

Quando morre uma pessoa querida

Dados Internacionais de Catalogação na Publicação (CIP)
(Câmara Brasileira do Livro, SP, Brasil)

Bautista, Mateo
  Renascer no luto : quando morre uma pessoa querida / Mateo
Bautista, Nora Sitta, Daniel Sitta ; [ilustrações Arquivo Paulinas ;
tradução Júlio Munaro]. – 3. ed. – São Paulo : Paulinas, 2014. – (Coleção
pastoral da saúde)

  Título original: Renacer en el duelo: cuandomuere un ser querido.
  ISBN 978-85-356-3750-2

  1. Luto – Aspectos psicológicos 2. Luto – Aspectos religiosos
3. Morte - Psicológicos 4. Morte - Aspectos religiosos 5. Separação
(Psicologia) 6. Sofrimento I. Sitta, Nora.II. Sitta, Daniel. III. Arquivo
Paulinas. IV. Título. V. Série.

14-02931   CDD-248.866

Índices para catálogo sistemático:

1. Luto : Separação de pessoa querida : Guias de vida cristã   248.866

Título original da obra: *RENACER EN EL DUELO* – Cuando muere un ser querido
© SAN PABLO, Buenos Aires (Argentina), 1996.

Tradução:	Pe. Júlio Munaro
Ilustrações:	Arquivo Paulinas
Citações bíblicas:	Bíblia Sagrada – Edição Pastoral,
	São Paulo, Paulus, 1990.

3ª edição – 2014

Nenhuma parte desta obra poderá ser reproduzida ou transmitida por
qualquer forma e/ou quaisquer meios (eletrônico ou mecânico, incluindo
fotocópia e gravação) ou arquivada em qualquer sistema ou banco de
dados sem permissão escrita da Editora. Direitos reservados.

Paulinas
Rua Dona Inácia Uchoa, 62
04110-020 – São Paulo – SP (Brasil)
Tel.: (11) 2125-3500
http://www.paulinas.org.br – editora@paulinas.com.br
Telemarketing e SAC: 0800-7010081

© Pia Sociedade Filhas de São Paulo – São Paulo, 2002

A Severa García,
catedrática do viver,
adoecer e morrer.

A Agu, Maria Haydée e Donato,
com o seu e o nosso amor.

PRÓLOGO

Há um dia na vida de todos que decide um novo caminho. Nesse dia, abre-se uma porta e fecham-se todas as outras. Às vezes é uma desgraça ou uma doença, outras um encontro, uma alegria. Depois nos tornamos diferentes e não seremos mais como antes.

V. Buttafava

A morte de uma pessoa querida, que chegou como um ladrão durante a noite, marca um desses dias que nos faz diferentes. Algo mudou. Nós mudamos. Algo novo começou. E nós iniciamos um novo caminho. Não se trata mais de voltar a ser como antes. Agora, além de reencontrar a paz e a felicidade, somos convidados a melhorar nossa humanidade, a abrir-nos para uma solidariedade mais ampla. Somos outros pais, outro casal, outros filhos, outros irmãos, outros amigos, outras pessoas de fé...

Temos aprendido que, na vida, não nos pertencemos nem somos donos de ninguém, que grande parte do nosso sofrimento é fruto do nosso apego, que não se pode crer sem sofrer, que se deve sofrer sadiamente para deixar de sofrer.

Não podemos impedir que a morte aconteça, mas podemos decidir que atitude assumir diante dela.

Ninguém está preparado para enfrentar sua própria morte ou a de um familiar e muito menos para enterrar o próprio filho; tampouco para trabalhar sadiamente o sofrimento. Vivemos numa cultura em que se dá valor ao jovem, ao belo, ao que é eficaz, útil, vital...

A morte é o novo tabu.

> *Procuram descobrir o segredo da morte! Mas como irão encontrá-lo se não o procuram no âmago da vida?*
>
> Gibran Khalil Gibran

Para nós, a morte de nossos entes queridos nos proporcionou uma descoberta: o tempo de sofrimento, para que seja fecundo, exige um tempo de amor. Ela ensinou-nos a dialogar com o sofrimento — a partir do sofrimento e no sofrimento, próprio e de outros — e a rever, a reavaliar e a reorientar uma vida que renasce.

Estas páginas foram escritas para os pais que, após a morte de um filho, vivem com o coração aflito, para todos os que estão em luto e querem superá-lo positivamente e também para aqueles que querem ajudar os outros nesse processo.

Os autores destas linhas são Nora e Daniel — ambos então com vinte e nove anos —, casal que viu morrer sua querida filha Agustina, de um ano e dois meses, por afogamento, e que agora apresenta aos leitores o processo de luto durante o primeiro ano após sua morte; e um servidor, eu, padre Mateo Bautista — religioso da Ordem Hospitalar de São Camilo, que, sendo o caçula de nove irmãos, vi, aos treze anos, morrer minha mãe, e hoje dou apoio a pessoas e grupos de ajuda mútua em tempo de luto.

Agradecemos sinceramente a todos que nos têm aconselhado e ensinado, a partir de sua experiência de dor, àqueles que, dando-nos sugestões, enriqueceram estas linhas e também aos que nos concederam algumas páginas de sua autoria.

Algum leitor, em fase recente de luto, talvez sinta certa dificuldade em se concentrar, ou poderá achar que algumas expressões são muito "duras". É normal. Aconselhamos que se confronte serenamente com elas ou que feche o livro e o retome em momento oportuno.

Todo esse trabalho foi escrito com profundo respeito, fruto não apenas da mente, mas também de um coração que sofreu e enfrentou sadiamente o luto, depois que o ente querido passou para a outra margem da vida.

Padre Mateo Bautista

A MAIS DURA EXPERIÊNCIA

Um casal jovem, ambos com vinte e nove anos — assim podemos nos apresentar. Temos três filhos e tudo indica que somos da classe média. O pai, Daniel, exerce a sua profissão em casa e a mãe, Nora, dedica-se à educação dos filhos e aos afazeres domésticos.

Nossa vida transcorria dentro de uma rotina esquematizada, em que nos sentíamos muito felizes. Formávamos aquilo que nossos amigos consideravam como um modelo de família.

Um dia, porém, aquela rotina se quebrou. Em 15 de março de 1994, após o almoço, nossa filha Agustina, que era muito irrequieta para a idade de um ano e dois meses, morreu afogada numa pequena piscina de plástico, instalada no quintal de nossa casa, com bem pouca água.

Diante do desespero da mãe e do espanto de Natália — nossa filha de quatro anos —, que encontraram o corpo inerte boiando na água, diante dos esforços inúteis do pai para lhe aplicar os escassos e imperfeitos conhecimentos de primeiros socorros e das posteriores tentativas dos médicos para reanimá-la, aconteceu o "irremediável" que modificaria o resto de nossas vidas.

Entre prantos e gritos, avisamos familiares e amigos, que, depois dessa notícia, não conseguiram reabilitar-se de pronto. Uma tia chegou até a pensar que fosse uma brincadeira de mau gosto. Seguramente, diante de tal sofrimento, desproporcional, um escudo de autodefesa estava sendo levantado.

Se sofremos com o comunicado da morte de uma pessoa conhecida, muito mais intenso é o sofrimento quando morre alguém da família. Mais intenso ainda se quem morre é uma criança que é a própria filha, pois não há maior sofrimento para a alma do que aquele que é causado pela morte de um filho.

Essa morte representa o rompimento da lei de continuidade da vida. Enterrar um filho subverte toda a lógica existencial. É significativo que, quando morre um pai, se chame ao filho de órfão; quando morre um cônjuge, ao que fica, se chame de viúvo(a); mas quando morre um filho não há nome específico para aqueles que foram seus pais, nem para os que foram seus irmãos, nem para qualquer outro grau de parentesco.

Mas é fácil imaginar como os nossos corações ficaram transtornados pela dor; tão machucados, que parecia ser impossível cicatrizar qualquer ferida que neles se formava.

Enquanto velávamos a pequena, desde o primeiro momento e em meio a todo o sofrimento, sem dúvida, despontava em nós uma atitude positiva. Aos poucos, tornava-se claro o nosso objetivo: superar a barreira que a vida tinha levantado em nosso caminho.

É óbvio que não tínhamos a menor idéia sobre como começar, mas a luz da esperança principiou a se acender em nosso íntimo.

Todas as nossas energias concentraram-se imediatamente em Natália, de quem erroneamente tínhamos escondido a verdade e até havíamos impedido que se despedisse da sua irmãzinha.

Por que sempre tratamos de decidir por eles? Por que demoramos tanto para perceber que são pessoas únicas e individuais e não apenas simples prolongamentos de nossa existência?

Naquele momento, quem parecia precisar de mais atenção era a mãe, já que nela se desenvolvia há dois meses uma nova vida: Lucas Daniel, semente de esperança, que nasceria no dia 18 de outubro de 1994. Lucas Daniel viria a ser fundamental para acelerar a nossa recuperação.

De início, entretanto, não foi nada fácil cumprir nosso propósito de enfrentar a vida. Mergulhar em frenética atividade passou a ser uma tentação constante.

Sozinhos, meu coração e o mar.

Antônio Machado

REAÇÕES DIANTE DA MORTE

Diante da morte de uma pessoa querida, as reações podem surgir imediatamente ou, como muitas vezes ocorre, demorar dias, talvez semanas. A morte de uma pessoa querida tem força para alterar os dinamismos psíquicos e emocionais daquelas às quais ela era próxima.

Durante o luto, todas as dimensões de uma pessoa podem ser afetadas: física, emocional, religiosa, intelectual e social. O corpo inteiro ressente-se e os problemas propagam-se ao redor.

Fisicamente: problemas no aparelho digestivo, circulatório, nervoso e glandular, de modo geral. Mais especificamente: dores no peito, na cabeça, falta de ar, taquicardias, insônia, perda de apetite, fraqueza, falta de desejo sexual etc.

Emocionalmente: aqui surgem as maiores dificuldades. Os sentimentos e as emoções sofrem mudanças. Como reação de defesa, diante de um acontecimento traumatizante e inesperado que provoca impacto, aparecem o aturdimento, o pânico e a incredulidade: "Não é possível!"; ou a rejeição, a raiva, a culpa, o ressentimento, a ansiedade, a tristeza prolongada com choro, e depois, a solidão procurada, a depressão etc.

Mentalmente: dificuldade de concentração, falta de perspectivas, insistência na busca da pessoa falecida, que se faz com ansiedade, procurando a presença e a proximidade imaginárias nos "seus pertences", em visitas ao seu túmulo, nos sonhos, em alguma mensagem dela supostamente ouvida, na sensação de que ela está bem. Há, contudo, quem prefira evitar tudo isso pelo sofrimento que traz.

Espiritualmente: a morte pode levar ao questionamento de uma fé imatura, ingênua e até interesseira. Também pode purificar essa fé. Não raramente, provoca um afastamento de Deus e sua rejeição. Ou, ao contrário, favorece um encontro com ele, que é mistério de vida, levando-nos a "desidolatrar" nossa falsa idéia dele e de sua Igreja.

A morte também traz a consciência da própria finitude da realidade humana, de nossa vulnerabilidade, de como é precária a nossa estabilidade. Leva-nos a perder a "ilusão da imortalidade", faz estremecer o nosso "chão", denuncia muitas superficialidades e a falta de valores. Obriga-nos a tomar consciência de que não procuramos e, portanto, não encontramos sentido para o que é importante na vida. Ela ainda revela como os seus "golpes" nos deixam vazios e desnudos.

Socialmente: quando alguém morre, morre um pouco do coração de quem o amava. A morte pode causar *ressentimento* contra os demais, contra os mais achegados, contra quem deseja ajudar e até mesmo contra a pessoa falecida, quando ela própria foi a causa de sua morte.

Para quem fica, incomoda o riso e a continuidade da vida. Às vezes, aquele que sofre sente mal-estar porque os outros possuem aquilo que lhe foi tirado, e não valorizam isso; porque, "quando mais precisávamos, ninguém apareceu".

Surge, então, a vontade de não fazer parte de nada, de isolamento social, de fazer-se passar por vítima...

A essas reações poderíamos acrescentar outras "atípicas", como constante negação, fixação, regressão, somatização, absurda racionalização, identificação com a pessoa falecida...

Eis o desafio: não se assustar. Dar tempo ao tempo. Integrar as reações à morte, trabalhá-las positivamente e voltar à normalidade.

POR QUÊ? POR QUÊ? POR QUÊ?

Quando a morte nos atinge tão de perto, quando bate em nossa cabeça como uma bala disparada pelo desespero, surge uma única pergunta:

Por quê? Por quê? Por quê?

Desesperadamente, buscamos a resposta para o mistério da morte. Sempre aconteceu com os outros, por que desta vez ocorre conosco? O que fizemos para receber tamanho castigo? Mil vezes levantamos essas questões a Deus, à vida, aos demais e a nós mesmos. E nenhuma resposta vem para nos aliviar.

O que sempre acontece é que confiamos em nossas próprias forças para resolver todos os problemas que surgem. Mas nossa onipotência, sem dúvida, torna-se vulnerável e desaparece diante de fatos tão contundentes.

Agora, se imaginarmos que, por um dom divino, alcançaremos as respostas lógicas a essas perguntas, com tais respostas certamente teremos a nossa curiosidade saciada, mas em nada a intensidade de nosso sofrimento será modificada. Enfim, a morte de Agu nos ensinou que não basta obter explicações para o sofrimento; é preciso descobrir nele novas fontes de sentido.

SÊ PACIENTE COM TUAS PERGUNTAS

*Sê paciente
com tudo o que te sobra
sem resolver em teu coração.
Procura amar
tuas próprias perguntas.
Não procures
as respostas
que não se pode dar,
pois não serás
capaz de vivê-las.
Vive tuas perguntas
porque talvez,
sem notar,
estejas formulando
gradativamente
as respostas.*

Rilke

A SOMBRA DA CULPA

Quando Agu morreu, o primeiro sentimento que aflorou em nós, seus pais, foi de culpa pelo que aconteceu.

Nós, pais, acreditamos geralmente que, por termos dado à luz nossos filhos, eles nos pertencem. Assumimos a responsabilidade por eles e, diante de sua morte, tomamos para nós toda a culpa sem dar muita importância às circunstâncias em que se deu o fato.

Trata-se de um verdadeiro equívoco! Só Deus dá a vida. Nós somos meros instrumentos da sua criação, sendo-nos delegado o cuidado e a educação de nossos filhos.

Esse cuidado não inclui a imortalidade e limita-se às leis que a mãe natureza impõe. Nós, os pais, responderemos apenas por nossos atos deliberados e seremos responsáveis somente por eles. Mas se a nossa culpa teima em nos desqualificar, a adesão a valores superiores nos revaloriza e garante que valemos mais do que aquilo que fizemos.

Os que morreram não mandam "a conta". Nem nós devemos mandá-la a eles.

Toda sombra negra de culpabilidade deve ser desmanchada. Será assim que construiremos a positividade. E veremos então o que é passar da culpa ao perdão — perdão de nós mesmos e dos outros.

Eu com três feridas:
a da vida,
a da morte,
a do amor.

Miguel Hernández

QUANDO A TRISTEZA INCOMODA

Chegou o momento, após o atordoamento inicial, de enfrentar a dura realidade que nos atingiu bruscamente. E o pior: não há nada para aliviar a dor.

A aceitação do fato, isto é, de que tal acontecimento se sucedeu, gera um profundo estado de tristeza que nos impede de tomar decisões, até mesmo as mais simples como levantar, comer, sair de casa...

A partir da aceitação da morte, inicia-se o trabalho com o luto. A sensação é de estar sendo atingido bem lá no fundo. É o momento de decidir entre dar o salto para o salva-vidas ou afundar agarrado ao peso do sofrimento; entre deixar que a tristeza, sombra da morte, inunde o nosso ser, apoderando-se de nós e transformando-se em depressão, ou arregimentar todas as nossas forças com a firme convicção de voltar a ser *feliz*. E a palavra *feliz* parece a essa altura soar como uma brincadeira de muito mau gosto.

A verdade é que dessa decisão depende a felicidade dos outros filhos, do casal e de cada um. Se errarmos agora, será como tomar uma decisão para continuar perdendo a batalha contra a dor, pois duas culpas serão somadas — uma pela morte da filha e outra pela incapacidade de voltar a ser uma família feliz.

O PROCESSO DO LUTO

Diante da morte de alguém ou de qualquer outro tipo de perda — saúde, bens materiais e espirituais, recursos econômicos, identidade pessoal, laços afetivos e também a perda do que nem se teve —, aparece uma resposta emotiva espontânea.

O sentimento de aflição, no caso da perda de uma pessoa querida, manifesta-se por alguns sinais externos e certos comportamentos e ritos religiosos.

Características do sentimento diante do luto: é inevitável que venha acompanhado de sofrimento, cuja intensidade pode variar segundo a importância da perda, pode provocar outras reações intensas ou estimular o crescimento.

Fatores importantes: as causas da morte, o grau de relacionamento com a pessoa falecida, os recursos pessoais e externos, a atitude assumida.

O luto afeta todas as dimensões da pessoa: física, emocional e intelectual, religiosa, social.

Fases do luto:

- Arcaica: a pessoa torna-se insensível, muda, privada de autonomia, de pensamento, de palavra e de ação.

- Lamentação: primeiramente surgem algumas expressões inarticuladas, depois abundam os gestos e explodem as queixas.

- Negação: "Não, não é verdade!"
- Rejeição: "Não, não aceito".
- Revolta: "Por que com o meu filho? Por que fizeram isso?"
- Culpa: "Que fiz de mal?"
- Barganha: "Senhor, se..."
- Desânimo ou depressão: "Que sentido tem a...?"
- Resignação: "Aconteceu comigo..."
- Aceitação: "É assim e preciso tirar proveito disso!"

O luto não é passividade. É um processo que requer uma atividade intensa para trabalhar positivamente o sofrimento.

---

* Pangrazzi, A. *Por qué a mí?*: el lenguaje sobre el sufrimiento. Madrid, San Pablo, s. d.

O CASAL

Uma união de amor, fortalecida pelo sacramento da fé católica, é assim que podemos definir nosso casamento.

E voltar a levar uma vida normal, no que diz respeito às relações afetivas e sexuais, foi o primeiro objetivo comum. Isso porque, no luto, os atos íntimos são os primeiros a serem reprimidos, e até mesmo suprimidos.

Diante de uma situação agradável, logo surge o sentimento de culpa que se une à falta de desejo e ambos tornam-se barreiras a impedir o acesso ao caminho que conduz à normalidade.

No nosso caso, o diálogo e o respeito, o amor e a compreensão de um para com o outro foram os elementos que reacenderam o prazer e o desejo até então apagados.

Aquela provação por que passamos, ao final, revelou ter servido para reafirmar que é amor verdadeiro o que existe entre nós. Já quando não existe uma união verdadeira, baseada no amor fiel e indissolúvel, as situações desse tipo aceleram — isso não quer dizer que provoquem — a ruptura do casamento.

Desde o início, tratamos de fitar um ao outro nos olhos, para queimar as flechas destruidoras da vontade de imputar a culpa ao outro. Procuramos também ignorar os comentários dos estranhos que insinuavam a nossa culpa.

As recaídas individuais aconteciam, entretanto eram sempre apoiadas pela firmeza do outro parceiro para seguir adiante. Graças a Deus, em geral, não eram simultâneas.

Um para o outro, fomos o melhor interlocutor em nosso luto. Sempre juntos, procuramos ajuda, tratamos de não aceitar os "pactos de silêncio", respeitamos caminhar ao mesmo tempo e num mesmo espaço, sabendo que deveríamos trabalhar o luto mutuamente, embora com expressões, tempos e modos particulares. Afinal o luto é um processo intransferível.

O sofrimento, quando trabalhado por um casal unido e com objetivos claros, constitui a base de uma recuperação sadia.

OS OUTROS FILHOS

Natália não compreendia o que estava acontecendo. Talvez percebesse que alguma coisa não estava bem. Mas o quê? A mãe e o pai disseram-lhe que Agustina estava dormindo um sono demorado e que só Jesus podia acordá-la.

Para evitar que nossa filha sofresse, nós tínhamos decidido esconder-lhe parte da verdade, como se assim ela pudesse superar sem sofrer a morte de sua irmã.

Mas logo tivemos que enfrentar as perguntas inocentes, mas diretas, de Natália: "Por que estão tristes se Agu está bem?", "Quando vou morrer para estar tão bem como Agu?".

Logo compreendemos que, na vida, os inconvenientes só podem ser superados por meio da verdade; que, no luto, o sofrimento não tem atalhos, até mesmo para os outros filhos. Não adianta fugir da verdade nem do sofrimento. Além do mais, depois de ter sofrido sadiamente, deixamos de sofrer.

Nossos filhos precisam de nós em vida. Não podemos remediar agora, tentando dar algo ao filho falecido, mas podemos evitar a repetição do erro.

OS IRMÃOS TAMBÉM FICAM DE LUTO

O sofrimento de um irmão é diferente daquele dos pais.

O sofrimento deste não é igual ao daquele — é o que se escuta com freqüência. Mas não se trata de saber se é igual ou não, e sim que pais, irmãos e todos da família participam do luto. Obviamente, também os irmãos sentem insegurança, medo, tristeza, culpabilidade, confusão, mágoa... O sangue comum que corre em suas veias não é água. Decerto, passaram a maior parte de sua vida com ele(a).

Os irmãos também têm necessidade de controlar a ansiedade e a dor da separação. Precisam superar a dificuldade de dialogar, a tristeza e a falta de motivação. E também se defender da idealização da figura do irmão falecido por parte dos pais.

Infelizmente, mais de um filho já se questionou: "Será preciso morrer para alguém ser amado nesta casa?".

Aqui é bom dizer que não se revela positivo transformar a casa em "museu" da pessoa falecida.

Os pais devem mostrar com palavras e atitudes que a tristeza sentida por eles, em razão do falecimento de um dos filhos, em nada diminui o amor pelos outros.

Como as crianças entendem a morte?

Segundo alguns especialistas, antes dos três anos, do ponto de vista do conhecimento e do afeto, a criança não compreende o sentido da morte. Dos três aos cinco anos, considera a morte como um acontecimento temporal, reversível, uma espécie de sono prolongado. Dos cinco aos nove, percebe-a como um acontecimento definitivo que ocorre com os outros, nunca com ela. Dos dez em diante, percebe a morte como um acontecimento inevitável para todos e ligado ao fim de todas as atividades humanas.

De qualquer forma, as crianças que passaram por uma experiência de luto por causa da morte de uma pessoa querida, sem dúvida, podem ter uma consciência mais realista e precoce da morte.

Como informar?

A informação deve ser simples, feita com naturalidade e precisão, evitando eufemismos que confundem: "Foi embora", "Partiu", "Nós o perdemos". Essas expressões fazem a criança esperar por um retorno. Já comunicar serenamente a verdade poderá ajudá-la a enfrentar a realidade. É sem dúvida positivo transmitir-lhe a idéia de que a morte faz parte da vida.

Se a criança pergunta sobre a morte, convém descobrir o que ela quer dizer antes de contestá-la.

É preciso também ter cuidado com a linguagem religiosa. Evitar frases como "Deus o levou", que transmite uma imagem blasfema e ameaçadora. Essas palavras podem dar-lhe a impressão de que um dia Deus virá buscá-la também.

Se a criança mostra interesse pelo corpo do falecido, é oportuno explicar-lhe que o corpo não se movimenta mais, que não vai mais se mexer. A fé ajuda a mostrar que o espírito (alegria, desejo de brincar...) do falecido está com Deus, no céu, muito feliz, numa vida nova e diferente... Estará lá para sempre e de lá nos continua querendo bem... Provavelmente, o que a criança mais precisa é de uma linguagem que não lhe cause medo e insegurança, nem tanto de uma linguagem que lhe explique todo o mistério da morte. Convém protegê-la do desespero dos mais velhos.

Para integrar mais plenamente as coordenadas do espaço e do tempo e os mistérios da vida, deve-se passar progressivamente das noções simbólicas para outras mais realistas, sempre se adaptando à capacidade de compreensão da criança.

É importante dedicar mais tempo à criança, como também escutar com atenção — e tranqüilidade — o que ele diz. Igualmente, respeitar os silêncios é valioso. E deve-se aceitar todo tipo de perguntas.

É recomendável utilizar gêneros literários, imagens da natureza, jogos, desenhos, escritos... que não sejam irreais.

É importante deixar claro que os irmãos não se devem desculpar de nada: desavenças não causam morte. Se por parte de um irmão mais velho houve descuido que resultou em morte, seria bom que, com um sorriso no rosto e com uma carícia, fosse enfatizado que tudo aconteceu sem querer. Há, porém, que se tomar cuidado e evitar o uso da palavra destino, assim como das expressões de cunho fatalista.

Muitas vezes os irmãos fazem brincadeiras sobre o irmão falecido, dão continuidade aos jogos antes praticados por ele, vestem a roupa que foi dele, imitam a imagem do irmão neles gravada, guardam um objeto que a ele pertencia... Tudo isso é uma forma de trabalhar o luto e convém não os atrapalhar.

Não se deve idealizar o filho falecido; isso é algo que não pode ser esquecido, porque ao idealizá-lo, corre-se o risco de se desvalorizar os outros. Também é importante que se evite ser demasiadamente permissivo ou superprotetor com relação aos filhos.

É bom repetir a informação que já foi dada sobre a morte do irmão sempre que os outros a solicitarem.

Aceitar que celebrem aniversários com presentes e tudo mais é aconselhável, pois estarão lembrando-se do irmão com intensidade.

Se eles manifestarem vontade, é importante permitir-lhes que participem dos ritos fúnebres. Estes, desde que sejam explicados com acerto e acompanhados com respeito, socializam o sofrimento, diluindo a dor no rito, sendo também uma oportunidade para que façam perguntas e esclareçam suas dúvidas. A mesma atitude é indicada em relação às visitas ao cemitério.

Nas respostas, não convém enfatizar apenas o aspecto intelectual, mas a naturalidade e a conformidade, pois são esses os pontos que devem ser ressaltados. E o fato de que as crianças sempre se olham nos olhos reafirma esta recomendação.

As crianças não expressam suas emoções necessariamente por meio de palavras. Às vezes ocorrem mudanças repentinas de atitude, aparecendo então os comportamentos regressivos.

Torna-se inadequado impor responsabilidades acima da idade. As solicitações do tipo "Agora que seu irmão não está, você deve..." nada contribuem para o desenvolvimento da criança.

Os pais têm todo o direito de viver o luto, porém sem esquecer das suas funções, não deixando de lado o fato de que ainda têm filhos sob seus cuidados.

E os irmãos adolescentes?

Os adolescentes também necessitam ser acompanhados e supervisionados pelos pais. É essencial dialogar freqüentemente com eles, atentando para as brigas, os comentários negativos e as omissões relativas ao irmão falecido, a fim de trabalhar com possíveis culpas.

Convém atentar para as reações anormais: o esquecimento constante dia a dia, as ausências prolongadas de casa, a mudança repentina de personalidade, o gosto por dirigir em alta velocidade, a bebida exagerada, o uso de drogas, a prática do sexo para fugir da solidão, o estudo que é deixado de lado.

É importante que os adolescentes consigam ver positivamente a morte do irmão. Para tanto, vale ajudá-los por meio do incentivo às boas ocupações e da procura pelas fontes de sentido. Rezar juntos, celebrar na igreja, alimentar a esperança com a Palavra de Deus, recorrer ao padre ou a um grupo de jovens, unir pais e filhos em tarefas comuns... são práticas indispensáveis.

E o mais importante: nunca se deve estabelecer comparações entre os filhos.

Os outros familiares

Com a morte, toda a família fica de luto. Não dá para ser diferente.

Pensemos no caso dos avós, que são duas vezes pais. Em tal situação, muitas vezes são deixados de lado, por receio de fazê-los sofrer. Não se conversa abertamente com eles, enquanto este seria o momento ideal para o diálogo. Também é o momento ideal para chorar, celebrar, sorrir, rezar, fazer planos, alimentar a esperança, enfim, deixar-se querer bem... juntos.

E lembremos que esta é a melhor hora para socorrer pessoas em dificuldade.

O luto ensina a amar na verdade e na liberdade.

OS AMIGOS

É nos momentos difíceis que se espera pelo amigo, que se sente a necessidade de sua presença, que o valorizamos. A sua companhia, em momentos como este, vale mais que mil palavras, evita a tristeza da solidão.

O sofrimento, nessa situação, atinge diretamente os nossos corações, tornando-os hipersensíveis. De agora em diante, nenhum sofrimento, por mais distante que esteja, nos parecerá estranho.

Identificados por um mesmo sofrimento, novos amigos surgem. O apoio deles convida-nos a imitar sua atitude.

Mas também é nessa hora que tristemente constatamos que alguns amigos, dos quais se espera apoio, não podem nos atender. Nossa primeira reação é colocar-nos à sua altura e reagir com indiferença. Se a fatalidade os tivesse atingido, qual teria sido a nossa atitude?

Mas é preciso lembrar que todos merecem ser perdoados e, mais ainda, que nos consideramos bons amigos deles. Talvez seja este o momento ideal para um diálogo sincero.

Também Jesus precisou de seus amigos: "Minha alma está numa tristeza de morte. Fiquem aqui e vigiem" (Mc 14,34). Mas acabou ficando só. Ele foi renegado e traído. E, depois da ressurreição, foi ao seu encontro...

COMO AJUDAR UM CASAL AMIGO QUE PERDEU UM FILHO?

O desejo de ajudar é natural; realizá-lo, porém, não é fácil. Não há formas mágicas nem respostas prontas e eficientes. Cada pessoa é única. Cada luto é diferente.

É importante não cair na tentação de recorrer às frases feitas: "É o destino", "Deus o levou", "É a lei da vida". Não é o momento de tentar explicar a morte, mas de dar apoio.

Convém não impedir que os pais chorem ou desabafem.

Não é aconselhável mencionar os outros filhos para consolar: "Pelo menos você tem outros filhos". Evite dizer: "Sei como você se sente", para não parecer um tanto presunçoso.

Emitir juízos de valor, ou moralizantes, não é oportuno. Frases do tipo: "Você chora porque não tem fé" ou "Não seja fraco" são dispensáveis. Nada aconselhável é apelar para a fé, se esta ainda não for madura nem purificada.

Algo que personaliza a memória de quem faleceu é dizer o nome dele. Vale pronunciar nesse momento o nome do filho falecido.

Torna-se essencial marcar uma presença carinhosa. As lágrimas podem ser um vínculo de amor, afeto e solidariedade. E o toque fala mais alto que as palavras.

Dar um abraço carinhoso, colocar a mão no ombro, apertar suas mãos ou guardar um silêncio religioso são atitudes de grande valor.

É bom escutar os pais. Ao ouvir os seus sentimentos de raiva, medo, culpa... dar liberdade para a sua expressão. Deixar que narrem e repitam a narração, mais de uma vez, sobre a tragédia e seus detalhes.

Bastante adequado é colocar-se à disposição: "Estou aqui, a seu lado", e realmente ficar pronto para ajudar.

É recomendável ademais dar um pouco de atenção aos irmãos e ser solícito com eles. Também precisam de ajuda. Por isso, conversar com eles, e permitir-lhes que falem, é algo que não pode ser deixado para depois.

Uma boa ajuda é manter contato com a família nas datas significativas: aniversário do filho falecido, aniversário de morte, Natal, Ano Novo.

Para colaborar na recuperação da normalidade, recomenda-se convidá-los para encontros, lazer, festas familiares...

Enfim, ser bastante paciente é sempre bom. Afinal, o luto não tem um tempo definido para acabar.

ALGUÉM PODE ENTENDER O NOSSO SOFRIMENTO?

Uma vontade muito forte de desistir, em várias oportunidades, foi isso que sentimos durante o nosso período de luto.

Em vez de nos agarrarmos mais à vida, com a morte de Agu, paradoxalmente, íamos perdendo o sentido de nossas próprias existências.

Sentíamos que era necessário sair disso, mas não conseguíamos encontrar o caminho.

Esta é a situação em que se faz importante procurar ajuda. Talvez o mais indicado seja com o nosso cônjuge, que está sempre ao nosso lado, ou com amigos que estejam dispostos a nos acompanhar, ou com o sacerdote etc.

Também a participação ativa em grupos de ajuda mútua contribuiu para injetar novas esperanças, ensinando-nos que cada etapa do luto deve ser integrada e que não existem atalhos.

Nesse momento, aprendemos que o tempo é um elemento cuja contribuição pode ser positiva, desde que saibamos como utilizá-lo. Mas, por si só, o tempo não basta.

A leitura reflexiva e freqüente de livros sobre o tema é o complemento ideal para firmar conceitos. Estes permanecem à nossa disposição para recorrermos a eles nos momentos em que o coração destroçado vence a razão.

Além da leitura, também escrever com liberdade é uma saída. São atividades que remetem à lembrança de um rio cujas águas correm carregando todas as dores para o mar do consolo.

É preciso reagir!

SENHOR, CONCEDE-ME...

Senhor,
concede-me
SERENIDADE
para aceitar
as coisas
que não consigo
mudar.
Concede-me
FORÇA
para mudar
aquilo que posso.
E concede-me, Senhor,
SABEDORIA
para reconhecer
a diferença.

Anônimo

A MORTE DO PAI OU DA MÃE

A morte do pai ou da mãe traz grande tristeza ao filho, esteja ele ainda na infância, na adolescência ou no começo da juventude.

Será que esse pai ou essa mãe já partilharam bastante amor com o filho, já serviram de referência para ele? Já criaram expectativas e lhe transmitiram a segurança necessária?

Com a morte do pai ou da mãe, o filho fica ao quase completo desamparo. Nem o pai nem a mãe, nenhum poderá substituir um ao outro. O processo de amadurecimento do filho fica pendente. É preciso continuar traçando o futuro sem uma das mãos firmes, afetuosas e orientadoras. Perdeu-se um guia no caminho da vida. Caiu uma estrela fixa do universo de nossa existência.

São fundamentais os últimos meses ou dias vividos por aquele que faleceu, para a formação da futura "imagem" paterna ou materna. Por isso, em caso de doença, é importante na medida do possível suportá-la com integridade, sem esquecer que se é pai ou mãe até o fim.

Quando morre o pai ou a mãe de filhos menores (cf. capítulo "Os irmãos também ficam de luto"), é aconselhável garantir-lhes que nunca serão abandonados por aquele que ficou.

É importante que os filhos adolescentes e jovens participem no funeral: ajudando a enterrar o ente querido, dizendo-lhe adeus, manifestando-lhe carinho, entregando-o às mãos de Deus para que descanse e seja feliz, comprometendo-se a colaborar com o prosseguimento da família, propondo-se a guardar sua memória e agradecendo por ele(a) ter sido um bom pai ou uma boa mãe.

Nunca se deve descuidar dos filhos, deixando-os passarem pelo luto a seu modo. O cônjuge vivo tem direito ao seu luto, mas sem deixar de ser pai ou mãe. E deve sempre oferecer ajuda aos filhos. Esse, sim, é o momento ideal para observar as mudanças de comportamento e as companhias. E, para não ter problemas, é preciso evitar sobrecarregá-los com responsabilidades superiores à sua idade: "Agora que seu pai não está, você...". Proteger demais também não é adequado. E queimar etapas bruscamente é por demais perigoso.

O que se espera deles é a constituição de uma sadia referência paterna ou materna, ajudados pelo cônjuge vivo e por familiares e amigos de outro sexo, a fim de evitar futuras fraquezas de motivação, transtornos afetivos... Em suma, espera-se que se dediquem a atividades enobrecedoras.

Idealizar o pai ou a mãe que faleceu não ajuda. Em vez disso, há que se resgatar o que tinham de melhor.

Se algum pai ou mãe "deixou a desejar", é aconselhável apresentá-lo de forma compreensiva porque o amor "tudo desculpa, tudo crê, tudo espera, tudo suporta" (1Cor 13,7).

A VIUVEZ

Depois de quarenta anos casada com um homem bom, inteligente e de grande sensibilidade, nos primeiros tempos de viuvez, tive a impressão de que a minha metade tinha ido com ele e que a metade dele continuava comigo. A fé na ressurreição me confortou.

Os casais levam uma vida em comum, isto é, unem-se duas individualidades numa unidade que não as anula, mas que as completa como pessoas, as aperfeiçoa, as enriquece e lhes dá sentido. Duas individualidades íntimas e afetuosas unidas num projeto de vida comum "até que a morte as separe". É assim que se referem ao "nosso lar", "nossos filhos".

A morte de um dos cônjuges não só suprime uma individualidade e desfaz o projeto amoroso comum, mas também ameaça a identidade do cônjuge que sobrevive.

Como viver um sem o outro?

A morte é uma inundação que arrasta sentimentos vivos, sonhos, projetos, momentos partilhados... E deixa ameaçados o lar, os filhos, a segurança no futuro...

O cônjuge vivo deve adaptar-se, às vezes de forma repentina, à solidão. Deve assumir novas responsabilidades, aquelas que anteriormente eram da pessoa falecida.

Já se ouviu dizer mais de uma vez: "A morte do meu marido fez-me pai e mãe".

O viúvo ou a viúva jovem, provavelmente, tentará reorganizar a sua vida afetiva. Neste caso, será necessário manter a auto-estima, e continuar sendo uma pessoa atraente, a fim de preencher a solidão. Evitar as sedutoras tentações de "amores sem amor" é importante.

"Eu procurava encontros sexuais como que movido pela mesma necessidade de tomar um antidepressivo. Com o tempo, percebi que aqueles encontros provocavam em mim efeitos colaterais semelhantes a um terrível vazio."

O luto dura algum tempo, e queimar etapas é desaconselhável. Não se deve deixar de ser homem ou mulher nem pai ou mãe que são referenciais dignos para os filhos e para a sociedade.

Nunca se deve deixar de procurar novas fontes de sentido para a vida.

É bom deixar-se ajudar. "O homem é o melhor remédio para o homem" (Ziegler).

Para trabalhar sadiamente a viuvez, é interessante estabelecer contatos com as pessoas. Neste sentido, colaborar para a criação de um grupo de ajuda mútua traz algumas esperanças.

O mais puro padecer traz e proporciona
o mais puro entender.

São João da Cruz

OFEREÇO-TE MINHA DOR

Meu Deus,
eu te ofereço minha dor.
É tudo o que posso
oferecer-te!
Tu me deste um amor,
um único amor,
um grande amor!
A morte roubou-o de mim.
... e não me resta mais
que minha dor.
Aceita-a, Senhor:
é tudo o que te posso oferecer!

A. Nervo[*]

[*] BAUTISTA, M. *Con el Senõr.* 100 oraciones. Buenos Aires, San Pablo, 1994. p. 107.

NA MORTE DE UM AMIGO

Os amigos, como os irmãos, são o espelho de nossa geração e representam nossas próprias expectativas no caminho da vida que estamos traçando juntos, apoiando-nos mutuamente.

Quando a morte se aproxima de um amigo, a continuidade da relação de amizade fica comprometida. Além disso, a situação é capaz de ferir o nosso narcisismo, fazendo-nos lembrar que somos vulneráveis e mortais. Trata-se de uma realidade que rompe a "nossa lógica de vida" e nos espanta, causando em nós uma tensão dialética entre o querer se aproximar e o querer se afastar do amigo que está para morrer. Geralmente o afastamento costuma vencer.

A vontade de estar longe de um amigo moribundo é o sinal exterior de uma rejeição interior do acontecimento real que se está desenrolando para não entrarmos na dinâmica de um luto antecipado. Convém nesses momentos, talvez demasiadamente angustiantes, dar vazão aos nossos sentimentos, orientando-os sadiamente no sentido de enfrentar a situação.

É sabido que entre não trabalhar positivamente o luto e, ao contrário, assumi-lo, a primeira atitude é a mais penosa.

Em certas ocasiões, a amizade prova-se e atinge maior intimidade e maturidade graças aos encontros com o amigo moribundo.

A presença do amigo é muito apreciada pela família daquele que está morrendo. Torna-se um apoio fundamental mesmo. Com isso, a família compreende que seu ente querido vivia em autêntica e fiel amizade.

É recomendável não assumir sozinho esse transe. E revela-se necessário apoiar-se em alguém que saiba ajudar.

Numa grande catarse resulta o fato de assistir aos funerais: os sentimentos se desafogam. É o momento de agradecer e de saber dizer adeus. Não fazer isso é como deixar uma assinatura pendente.

Não enfraquecer a relação com a família do amigo é importante, pelo menos durante algum tempo. Afinal, isso proporciona grande bem-estar.

O sofrimento passa; o ter sofrido não. Desse sofrimento, será possível se obter frutos para a vida?

Miguel Hernández

OS LUTOS EXTRAORDINÁRIOS

Há diversos tipos de luto. Entre eles, podemos enumerar:

- *luto antecipado* — aquele que, precedido com tempo e pleno conhecimento da situação, permite preparar-se psicologicamente;

- *luto retardado* — aquele em que não se enfrenta a situação, sendo demorado o processo de aceitação;

- *luto crônico* — ocorre quando a reação de luto dura anos, provocando constante sofrimento;

- *luto patológico* — ocorre quando certos mecanismos de defesa, desencadeados pela morte, provocam alterações emocionais que exigem apoio espiritual e profissional.

O *luto patológico* pode ser identificado pelos seguintes elementos:

1. Falta de resposta diante da morte. Conduz à incapacidade de sentir emoções.

2. Estado prolongado de choque. O aturdimento impossibilita a aceitação da morte.

3. Sofrimento intenso. Quando essa etapa se prolonga por mais tempo do que se podia esperar.

4. Sentimento de culpa demasiado.

5. Mudanças bruscas de comportamento.

6. Transtorno psicológico, especialmente depressão.

7. Medo hipocondríaco da doença que causou o falecimento. Por exemplo, medo de tornar-se também vítima de câncer.

8. Continuar vivendo como se "nada tivesse acontecido".

As mortes que acontecem em situações críticas (aborto provocado, suicídio, assassinato, tortura, corpo não encontrado...) acarretam os "lutos extraordinários".

Se a gravidez não prosperou normalmente, convém eliminar todo e qualquer resquício de culpa. É preciso dar nome à criança. Os sentimentos serão desafogados no casamento — cada um considerando-se pai ou mãe. Urge dar à criança um lugar na família...

Se houve aborto provocado, surgirá naturalmente a culpa pela eliminação. É o caso de pedir perdão ao filho e convencer-se de que o perdão foi concedido. Ajudará se o casal se pedir mutuamente perdão, perdoar-se um ao outro, pedir perdão a Deus e, se necessário, à família.

Se o filho foi torturado e assassinado, aparecerá forte ressentimento contra os culpados, o que deve ser trabalhado a partir do perdão. E, perdoando, não permitimos que nos faça sofrer sempre. Convém não se deter em atitudes que bloqueiam. Depois de trabalhar o ressentimento contra os autores, emerge todo o processo de luto pelo falecido.

Se a morte foi causada pela *Aids*, ou pelo uso de drogas, recomenda-se trabalhar antes de tudo o sentimento contra ele ou ela: "Por que fez isso?". E em relação a si mesmo: "Que fiz de mal para que terminasse assim?". É importante que haja tolerância com relação aos comentários negativos. E vale procurar o apoio daqueles que possam compreender a situação.

Se o corpo não foi encontrado, após uma tragédia natural, torna-se psicologicamente necessário "enterrá-lo". Trata-se de uma situação marcada pela dor, em que provavelmente surgirá alguma perturbação em sonhos, com imagens que atemorizam... Este é o momento certo para se conscientizar de que ele ou ela já não está no corpo e que sua alma foi para a mansão da vida nova.

Se o corpo não aparece, e já passa a figurar como desaparecido, os fatos evidenciam que ele(a) está morto(a), mas a fase de negação pode prolongar-se indefinidamente. O desaparecimento, com as circunstâncias que produzem sua ausência e independentemente do comportamento ético do desaparecido, costuma provocar forte ressentimento e desejo de justiça contra o autor, que pode ser um grupo ou uma instituição. A verdade é que, sem reconciliação, não haverá como superar o luto.

Se houve suicídio, irá aparecer um estado de confusão e de perturbação emocional. Surgirão perguntas sem resposta, muito dolorosas e condenáveis: "Não bastou o nosso amor? Em que falhamos?". Neste caso, é preciso enfrentar com serenidade as reações que surgem. O suicídio não pode ser considerado como uma atitude com característica hereditária. Torna-se necessário administrar o ressentimento contra a pessoa que se suicidou e afastar questões como: "Por que nos fez isso?". Afinal, há que se notar que quem se suicida procura ansiosamente pela paz, ainda que de forma equivocada. Em suma, esta é uma situação que pede para termos conosco a imagem de Deus misericordioso.

Há um luto que não pode ser esquecido: o daquela jovem mãe que, por estar em grave situação econômica, pressionada pela família ou pelo fato de o seu esposo ter desaparecido, resolve entregar o seu filho a alguém, a uma instituição ou até mesmo abandoná-lo por vontade própria, por indecisão ou por força das circunstâncias.

As reações psicológicas decorrentes dessa atitude são desastrosas. Aqui, de um modo especial, a culpa e a baixa auto-estima deverão ser trabalhadas. Trata-se de uma situação que requer grandes doses de compreensão e ajuda por parte daqueles que acompanharão o caso. Mas nunca se deve esquecer que sempre é preciso ajudar-se e deixar-se ajudar.

Querido

Escrevo para dizer-te o quanto sentimos tua falta e como nossa vida mudou desde que nos deixaste. Ainda não nos refizemos do que aconteceu, e sentimos muito que não nos deste adeus.

Derramamos muitas lágrimas procurando entender teu desaparecimento, teu mistério...

Às vezes sentimos raiva de ti pelo muito sofrimento que nos causaste. Outras vezes nos sentimos enojados de nós mesmos por não termos sabido prevenir a tragédia.

Infelizmente, não pudemos escolher em teu lugar, pois, se isso tivesse sido possível, tu estarias ainda conosco.

Pensamos sempre em ti, mesmo quando as lembranças nos deixam tristes.

Sem dúvida, não renunciamos a viver e a manter viva a esperança, apesar da amargura.

Talvez nos tenhas visto um pouco mais sorridentes: o que queremos é que tenhas encontrado a paz que procuravas.

Em nossas orações, pedimos poder abraçar-te novamente no fim de nossos dias.

Com todo nosso carinho,

Tua família[*]

---

[*] Pangrazzi, A. *Creatividad pastoral al servicio del enfermo*. Buenos Aires, San Pablo, 1994. p. 131.

SABER DIZER ADEUS

É preciso despedir-se do ente querido que morreu. Para tanto, os ritos fúnebres exercem uma função básica que deverá ser completada em cada coração.

De acordo com seu modo de pensar, seu coração e sua fé, onde estão os seus mortos?

Lembrar-se deles não significa retê-los para si. E uma coisa é certa: não os estaremos amando mais tendo menos satisfações habituais e com a supressão das relações sociais, da vida amorosa e dos encontros prazerosos. Não os estaremos amando mais se mais chorarmos, se mais vezes mencionarmos o seu nome, se mais idealizarmos a sua pessoa...

Os mortos não pedem nem tristeza nem sofrimento, mas paz e felicidade. Querem que vivamos plenamente a nossa vida, não a vida deles.

É preciso despedi-los serenamente, superando qualquer culpa ou ressentimento.

Você pode senti-los junto a si, mas não com ressentimento; nem deve seqüestrá-los de sua nova vida. Se os ama, deixe-os morrer para que eles vivam em você e você em si mesmo.

Fechará com chave seu ataúde, fechará uma porta, mas abrirá uma janela para a esperança.

Então, pela fé e pelo amor, vai tê-los sempre muito perto, de forma sadia, pura e feliz.

Quando lhes disser adeus, você não estará pensando: "Até nunca mais!", e sim: "Até logo mais!". Você dirá: "Adeus, até o feliz dia em que nossos rostos tornarão a ver-se, nossos olhos chorarão, mas de alegria, nossos corações palpitarão unidos e acontecerá o abraço fraterno num fim sem fim".

Meu filho, derrame lágrimas pelo morto,
e faça luto como alguém que sofre profundamente.
Depois enterre o cadáver segundo o costume,
e não deixe de honrar o túmulo dele.
Chore amargamente, bata no peito e observe o luto
proporcional à dignidade do morto, durante um ou
dois dias, para evitar os comentários do povo;
e depois console-se de sua tristeza.
Porque a tristeza leva para a morte,
e qualquer aflição do coração consome as forças.
Na desgraça, a tristeza permanece,
e uma vida triste é insuportável.
Não entregue seu coração à tristeza,
mas afaste-a, pensando no fim que você terá.
Não se esqueça: da morte não há retorno.
Sua tristeza em nada servirá ao morto,
e você acabará se prejudicando.
Lembre-se: a sorte dele será também a sua.
Eu ontem, e você hoje.
Quando o morto repousa, pare de pensar nele.
Console-se, porque o espírito dele já partiu.

Eclo 38,16-23

DOR E SOFRIMENTO:
DIFERENÇA FUNDAMENTAL

É um hábito identificar dor com sofrimento. Mas, sem dúvida, parece claro que são coisas distintas. Ouve-se dizer: "Sofri muito por causa daquele desgosto", "A enxaqueca faz-me sofrer muito", "Doeu-me a morte do meu amigo", "Sofro com a dor de cabeça". Como se percebe, uma coisa é o sofrimento, e outra a dor, ainda que se identifique dor moral com sofrimento.

A dor é um fenômeno complexo; entretanto, vincula-se à dimensão física da pessoa. Quando um estímulo prejudicial ataca os nossos receptores, a mensagem é transmitida pelas fibras da medula da espinha até o cérebro. Este localiza o estímulo e o identifica. E é no cérebro que se sente a dor, onde ela é percebida. A percepção não capta com absoluta exatidão a realidade, pois existe o efeito placebo, a dor fantasma, a dor aprendida, a dor lembrada. Se a dor é intensa, ela se converte em ameaça, em fonte de angústia e em "sofrimento moral", podendo chegar a desestruturar a pessoa completamente. Isto é, na dor também ocorre a interferência da parte psíquica.

O sofrimento, pelo contrário, é um fenômeno claramente psicológico. Nem todo sofrimento tem origem numa dor física, mesmo com tendência de se somatizar.

O sofrimento é uma reação psicológica diante da realidade que nos contraria. São fontes de sofrimento a ansiedade e as perdas de todo tipo, pois ferem o nosso narcisismo.

A morte de um ser querido, ainda que provoque dor (somatização), é antes sofrimento.

Quando trabalhamos o sentimento durante o luto, não estamos medicando a dor, e sim curando o sofrimento. Não se trata de uma patologia. O sofrimento é uma crise.

Redimir o sofrimento e redimir-se no sofrimento é superar a dor, extraindo algum proveito disso.

Para combater a dor, já estamos preparados. O que ainda não estamos acostumados a fazer é trabalhar sadiamente o sofrimento. Eis o desafio.

O segredo da morte?
Procure-o no segredo da vida.

Gibran Khalil Gibran

SOFRER SADIAMENTE PARA DEIXAR DE SOFRER

Para deixar de sofrer, é necessário sofrer sadiamente. Isso pode parecer estranho e até mesmo paradoxal. Mas é assim: "Não se pode virar a página". Muitos que dizem querer curar-se, querem apenas se aliviar. Como não usam o bisturi para extirpar as fontes do sofrimento, continuam sofrendo.

O sofrimento é um grito em código que enviamos aos outros, os outros nos enviam e enviamos a nós mesmos. É um grito que não costuma ser bem escutado. Por isso, somos tentados a tecnicizá-lo, medicá-lo ou desviá-lo.

Como responder a esse grito?

Antes de mais nada, é preciso dialogar com o sofrimento. Estamos preparados para "medicar" a dor e para expulsar o sofrimento, mas não sabemos como trabalhá-lo positivamente.

Não é também o caso de correr para evitá-lo, pois todo sofrimento traz uma mensagem de crescimento, que será possível conhecer se pararmos para escutá-la.

É importante identificar quais são as suas causas e descobrir novas fontes de sentido para a vida, como: as relações humanas satisfatórias, as reconciliações saudáveis, os novos interesses vitais, as motivações altruístas...

Não se deve hipostasiar o sofrimento — falsamente considerá-lo como real —, ainda que a tendência seja projetá-lo em Deus, nos outros...

A quem e a que permito que me façam sofrer? Essas são perguntas que não podemos deixar de fazer. E não é bom se fazer de vítima, como também não o é especular com o sofrimento ou escamoteá-lo.

Que imagem tenho da realidade? — é uma indagação que deve ser constante.

É preciso assumir a correta e própria responsabilidade.

Que ganho sofrendo? Que perco deixando de sofrer? — são outras indagações necessárias.

Sofrer sadiamente para deixar de sofrer significa utilizar o sofrimento para passar do apego ao amor, da manipulação à liberdade, do vazio à felicidade, do sem sentido ao que tem sentido. Significa, enfim, colocar amor em todo sofrimento e se purificar.

É assim que o sofrimento vai desaparecer. Depois dele, teremos em nossas mãos o segredo da vida.

O SENTIDO DO SOFRIMENTO

O pintor e escultor judeu Yehudá Bacon, quando ainda era criança, foi deportado para o campo de concentração de Auschwitz. Mais tarde escreveu sobre o sentido daquele sofrimento:

Quando criança, pensava:
"Logo direi ao mundo o que vi em Auschwitz",
com a esperança de que o mundo mudasse;
mas o mundo não mudou,
nem queria ouvir falar de Auschwitz.
Somente bem mais tarde compreendi realmente
qual é o sentido do sofrimento.
Este realmente tem sentido quando tu mesmo
te convertes em outro homem.

E CHAMO UM AMIGO

Quando estávamos desorientados e em busca de uma saída, recebemos um convite de esperança. Foi por meio desse convite que passamos a participar de um grupo de ajuda mútua, em San Nicolas de los Arroyos, animado pelo padre Mateo Bautista, religioso camiliano.

Ele nos incentivou a entrar para o grupo Renascer, de São Pedro (Buenos Aires).

Seu relacionamento conosco surgiu como se o azar ou o acaso tivesse trabalhado a nosso favor. E devemos lembrar que os dois conceitos — azar e acaso — são por demais aleatórios para servir como base; preferimos dizer que ninguém sabe quando Deus está estendendo a mão aos seus filhos.

Em nosso caso, para que não restassem dúvidas quanto à sua intervenção, Deus nos ofereceu sua ajuda usando como instrumento esse sacerdote.

E Deus, conhecendo nossas fraquezas e desenganos, fez com que seu intermediário fosse um sacerdote espanhol. Afinal, todos sabemos como os "galegos" são obstinados.

Assim, passamos a concentrar nossas desordenadas forças em direção a um duplo objetivo: a nossa cura e a capacitação para podermos ser instrumentos de ajuda aos outros.

58

A VIDA É...

A vida é uma oportunidade, aproveita-a.
A vida é beleza, admira-a.
A vida é beatitude, saboreia-a.
A vida é um sonho, torna-o realidade.
A vida é um desafio, enfrenta-o.
A vida é um dever, cumpre-o.
A vida é um jogo, joga-o.
A vida é preciosa, cuida dela.
A vida é riqueza, conserva-a.
A vida é amor, goza-o.
A vida é um mistério, desvenda-o.
A vida é tristeza, supera-a.
A vida é um hino, canta-o.
A vida é uma luta, aceita-a.
A vida é uma tragédia, domina-a.
A vida é uma aventura, assume-a.
A vida é felicidade, merece-a.
A vida é a vida, defende-a.

Madre Teresa de Calcutá

AJUDAR-SE AJUDANDO

A experiência é uma mestra da vida. E dessa experiência, grandiosa, faz parte o sofrimento.

Aquele que experimenta a morte de perto passa a entender o sofrimento que a cerca.

Hoje, como um casal que enfrentou a morte em família, podemos aconselhar algo da maior importância: deixem-se ajudar!

Que melhor ajuda, então, que a daqueles que já tiveram tal experiência e puderam, com o auxílio de outros, trabalhá-la positivamente! Prontos a socorrer, estão os grupos de ajuda mútua.

Contudo, ainda que os grupos de ajuda mútua colaborem para a recuperação, não significa que resolvam todos os problemas.

Se mantivermos o coração aberto, as pessoas solidárias poderão nos ajudar.

Mas termina realmente aqui a nossa participação no luto? Se fosse assim, os grupos de ajuda mútua nunca teriam existido.

A nossa participação será plena se entregarmos a alguém aquilo que um dia recebemos, procurando acompanhar aqueles que hoje estão vivendo o mesmo problema pelo qual passamos.

Assim, no dia 18 de março de 1995, três dias após o primeiro aniversário da morte de nossa filha, na cidade de Pergamino (Buenos Aires), o nosso desejo de ajudar tornou-se realidade. E conseguimos esse feito extraordinário por meio da criação de um grupo de ajuda mútua.

OS GRUPOS DE AJUDA MÚTUA

Por que viver, amar, adoecer ou até morrer sozinho? Por que enfrentar o luto sozinho? Nós assumimos o luto *em solidão*; isso não quer dizer que deva ser assumido *na solidão*.

Tudo na vida é baseado em relações, e o sofrimento também o é. Enquanto o sofrimento encolhe, enruga, isola, hipnotiza, o amor no sofrimento expande, relaciona, encontra fontes e novos horizontes de sentido.

É sadio deixar-se ajudar no sofrimento. Significa um indício de superação. E sair do sofrimento para ajudar é, mais do que isso, saudável e terapêutico, um motivo de esperança e uma prova de solidariedade.

Quem sofre precisa procurar na comunidade os apoios sociais disponíveis. E, sem dúvida, deve participar dos grupos de ajuda mútua.

Em geral, é possível contar com os grupos de ajuda mútua ou com os grupos de terapia, cujos coordenadores ou participantes costumam ser pessoas que passaram pela mesma situação de sofrimento. Se um ou outro desses participantes é profissional da saúde, certamente não figura no grupo em razão da sua profissão, mas por causa de sua experiência pessoal.

Geralmente, para funcionar, tais grupos não necessitam de aprovação oficial, já que sua finalidade não é o exercício de um trabalho profissional. Não visam ao ganho financeiro.

A idéia básica da qual se deve partir é a de que o luto não é uma doença, mas uma situação de crise a ser trabalhada.

Quem entra para o grupo é bastante estimulado pelos depoimentos daqueles que estão conseguindo, ou já conseguiram, superar seu sofrimento.

Aqui é importante relacionar as características desses grupos: discrição, respeito, liberdade de participação, abertura, celebração da vida, aceitação incondicional dos julgamentos, das opiniões e das emoções...

Não basta, ainda que pareça imprescindível, ter sofrido a morte de um ente querido ou ter feito parte de outro grupo para alguém sentir-se estimulado a participar. Assim, não significa salvar-se de um simples afogamento o fato de que alguém certa vez esteve a ponto de se afogar — ocasião em que provavelmente foi ajudado pelos outros —, ou o fato de que assistiu ao salvamento de outras pessoas; já quem é um experiente "salva-vidas" pode escapar a tal destino. De qualquer forma, fica claro que, nos grupos de ajuda mútua, o protagonista é o grupo.

Normalmente, quem ingressa no grupo visa a receber ajuda. Pouco a pouco, entretanto, vai percebendo que se faz necessário ajudar antes.

O participante do grupo deve doar-se e não se autoproteger. Ele não busca ser tão-somente uma reunião de amigos, embora se faça necessário reinar um clima de cordialidade, cortesia e aceitação incondicional. O grupo não deve parar na simpatia, mas passar para a empatia.

O grupo não conduz à comiseração, nem à facilitação (outros vão viver o luto em meu lugar), nem à encenação no papel de vítima. Ele leva a perceber que não se deve apenas procurar o alívio, o desabafo ou "partilhar o sofrimento", mas superar a passividade diante do sofrimento, conquistar sua autoconfiança, trabalhar o sofrimento e, com isso, conseguir crescer. Pacientes sim; passivos não.

De fato, quem entra para o grupo não busca só uma companhia para enfrentar o sofrimento, nem apenas escapar dele. Busca, sim, conseguir os frutos de amadurecimento humano. São bem significativos alguns dos nomes desses grupos: "Ressurreição", "Reviver", "Amanhecer", "Renascer", "Esperança", "Viver". O grupo não enfrenta, confronta-se. Sem confronto não há superação.

O luto exige a ação de uma mentalidade extremamente prática: não se deter em discussões que não contribuam para o trabalho do luto, por exemplo; não "filosofar" sobre a existência do destino; ou não ficar apegado às posturas ou ressentimentos que não passam de desculpas para não progredir na superação do luto.

O grupo não deve criar dependência, nem ser eterno. O que importa não é o tempo, mas o que se faz com o tempo. O luto requer metas concretas: sem pressa, mas sempre para a frente.

O grupo pode ser aconfessional, nunca anticonfessional. Afinal, é preciso ter idéias positivas de Deus.

Há aqueles que deixam o grupo por razões que, certamente, são justas. O grupo é uma reunião de pessoas em torno de um fim específico. Assim, quem vai embora não nos está abandonando; deve despedir-se, sair pela porta da frente, sem se culpar, como amigo. Mas, se revelasse os motivos da saída muito ajudaria.

O grupo deve preparar, entre seus membros, pessoas qualificadas em relacionamentos sadios de ajuda para assistir a outras pessoas que estão vivendo o luto e para coordenar outros grupos de ajuda mútua.

O grupo deve cumprir outra grande função social: tornar-se uma escola para a aprendizagem de um trabalho sadio do sofrimento.

O amor tem
  muitas maneiras
    de ver, ouvir e tocar.

PERDER, PARTIR OU MORRER?

O desejo íntimo de não abordar a dura realidade leva a que não se dê às coisas seu verdadeiro nome.

Assim diz-se: "Perdemos uma filha" ou "Nossa filha partiu".

O *perder* traz consigo a idéia do reencontrar; o *partir*, do voltar. Os eufemismos, como se vê, não ajudam em nada que diga respeito ao confronto com a realidade.

Esse tipo de atitude retarda a caminhada do luto, e este, em nossa opinião, não começa quando a pessoa querida morre, mas quando aceitamos que ela *morreu*. O período anterior — logo após a morte — não é mais que um tempo criado por nossas defesas psicológicas, para evitar que o choque seja excessivamente direto e possibilitar a assimilação gradativa.

Em nosso caso particular, os outros filhos, com sua linguagem direta e inocente, mostraram-nos logo a realidade. Natália foi a primeira a dizer: "Minha irmã *morreu*".

O impacto é forte, mas, quanto antes aceitarmos a realidade, mais depressa poderemos começar a nos recuperar.

Aquilo que não se aceita — é importante lembrar — não será integrado, nem superado, nem aproveitado.

APRENDENDO A AMAR

À medida que se progride na elaboração positiva do luto, os preconceitos sofrem mudanças.

Pensávamos, no início, que sofríamos pela morte de nossa filha, mesmo que pela fé acreditássemos na sua ressurreição. Sabemos hoje, porém, que sofríamos pelo afastamento dela. Até passamos a estranhar nossa filha. *E tomou conta de nós o sentimento de separação.*

Amar é doar-se; o que implica não esperar nada em troca. É o amor por ela que nos leva a sofrer? Ou o nosso sofrimento vem do egoísmo de não poder vê-la crescer nem receber dela gratificações como pais?

Quem ama deixa livre a pessoa amada, respeitando sua morte e sua nova vida.

Será que alguns pais já se perguntaram sobre a sua intenção? Ao manipular os filhos, querem que eles façam somente o que é do seu agrado?

Isso mostra o quanto é fácil projetar-se neles!

Com o tempo, esses pais descobrem que, pela excessiva proteção aos filhos, em nome do amor, têm ao seu lado pessoas submissas e fracas!

É importante substituir os apegos por um amor autêntico: amar os filhos deixando que vivam sua vida; amar o filho falecido pela fé na vida eterna junto a Deus e pela esperança do reencontro. Somente assim poderemos usufruir desse amor autêntico e alcançar nossa paz interior.

SE TE PERMITISSEM UM DESEJO...

Uma noite aprazível, estrelada.

Caminho sem pressa com meu filho Carlos pelas ruas silenciosas e sombrias.

Conversamos...

Quando a conversa pára com a interrupção das palavras, tenho a sensação de que este silêncio, em Carlos e em mim, é ocupado pela lembrança de Martinho.

Um dos dois solta a pergunta:

— Se te permitissem um desejo, o que pedirias?

Sem a menor hesitação, apresso-me em responder:

— Que Martinho retorne, para abraçá-lo, senti-lo vivo, vê-lo sorrir!

Carlos demora um pouco e diz:

— Eu pediria para falar com ele. E se ele dissesse para mim: "Aqui onde estou agora é melhor que em minha vida anterior", não lhe pediria que voltasse...

Eis dois modos de sentir, duas pessoas que quiseram e querem ansiosamente reencontrar um ente querido ausente.

Há sem dúvida uma diferença enorme entre o amor possessivo, que se outorga o direito de desfrutar da presença da pessoa amada, e o amor não-possessivo. Este último só procura a felicidade do outro, mesmo que não lhe seja possível partilhar dela.

O amor não-possessivo é difícil, muito difícil, porém saudável. Será que um dia conseguirei alcançá-lo? Um amor assim, tão altruísta, poderei dedicá-lo a Martinho ou a alguma outra pessoa. Custará muito, mas tentarei. E sei que serei feliz ao alcançá-lo, mesmo que muitos não o compreendam...

Carlos J. Bianchi

QUANTOS APEGOS!

É importante enfatizar bem: não é pela morte da pessoa querida que sofremos tanto, mas porque ficamos sem ela e temos que reestruturar emocionalmente a nossa vida. Precisar de alguém não significa necessariamente amá-lo.

Sofremos. E isso não se deve ao amor; deve-se ao apego. Até mesmo no amor que pensamos dedicar aos outros, amamos a nós mesmos.

Sofremos porque acreditamos que nossos filhos são nossa propriedade e que nos devem pedir licença para morrer.

Sofremos porque não respeitamos seu novo rumo, sua nova vida, seu novo futuro, sua nova felicidade.

Sofremos ao constatar que esse filho não será como os outros, que o "seu futuro" ficou truncado, que não usufruiu da vida... e sequer permitiu que nos projetássemos nele.

Durante o tempo de luto, em que devemos administrar nossa angústia e nossa dor pela separação, aparecem duas posições diametralmente opostas: encarar o luto a partir de nós, do nosso ponto de vista, ou enfrentá-lo a partir de quem morreu. Uma é a noite e o sofrimento; a outra, o dia e a paz.

O luto nos ensina que não é a vida (nem mesmo a vida da pessoa que morreu) que deve adaptar-se a nós. Somos nós que devemos adaptar-nos à vida. E amar... sem apegos.

TEUS FILHOS

Teus filhos não são teus filhos,
são filhos e filhas da vida,
sedenta de si mesma.

Não nascem de ti, mas por meio de ti
e, embora estejam contigo,
não te pertencem.

Podes dar-lhes teu amor,
mas não teus pensamentos, pois
eles têm seus próprios pensamentos.

Podes abrigar seus corpos,
mas não suas almas, porque elas
vivem na casa do amanhã,
que não podes visitar
nem mesmo em sonho.

Podes esforçar-te para estar com eles,
mas não procures
fazê-los semelhantes a ti.
Porque a vida não retrocede
nem fica parada no ar.

Tu és o arco do qual teus filhos,
como flechas vivas, são lançados.
Deixa que a inclinação,
em tua mão de arqueiro,
seja para a felicidade.

Gibran Khalil Gibran

SEJAM FELIZES!

No tempo em que eu era capelão em um grande hospital, conheci uma voluntária que, logo de início, chamou-me a atenção por vestir-se sempre de preto. Observei o seu carinho para com os idosos inválidos e sem família. Notei também que ela não participava das festas nem dos momentos de lazer.

Certo dia, um de seus filhos veio falar comigo.

"Padre, por favor, ajude minha mãe. Ela está se destruindo e, com isso, destrói também a família. Não sabemos mais o que fazer."

Contou-me em detalhes o seu problema. Dezesseis meses atrás, seu irmão, de 21 anos, vítima de tumor cerebral, havia morrido após intenso sofrimento. Pedia à mãe que o matasse, pois não conseguia mais suportar a dor. A mãe, então, rezara noites inteiras, de joelhos, pedindo a Deus que o levasse.

Diante disso, decidi conversar com ela. E falei, ou melhor, a escutei. Disse-me que jamais conseguiria ser como antes. Apelei para a sua fé. Ela havia perdido a esperança; mas eu percebia que, mesmo assim, o amor de Deus estava próximo. Fomos para a capela e rezamos juntos. Pedi-lhe que fechasse os olhos e que sentisse que o seu filho tão querido estava ali, perto dela, e lhe iria falar. Pedi-lhe para escutar a resposta.

De repente, o seu rosto ficou banhado em lágrimas, e, depois de um profundo e prolongado silêncio, entre soluços, ouvi:

"Mamãe, se me amam, sejam felizes".

SE ME AMAS

Não chores se me amas...
Se conhecesses o dom de Deus
e o que é o céu...
Se pudesses ouvir o canto dos anjos
e ver-me no meio deles...
Se pudesses ver abrir-se diante dos teus olhos
os horizontes, os campos e
os novos caminhos que percorro...
Se por um instante pudesses contemplar como eu
a beleza diante da qual as belezas empalidecem...
Como!... Tu me viste, tu me amaste no país das sombras
e não te resignas a ver-me e a amar-me
no país das realidades imutáveis?
Crê-me. Quando a morte
romper tuas ataduras
como rompeu as que me prendiam,
quando chegar o dia que Deus fixou e conhece,
e tua alma chegar a este céu
no qual te precedeu a minha...
Nesse dia voltarás a ver-me.
Sentirás que continuo amando-te,
que te amei,
e encontrarás o meu coração
com todas as suas ternuras purificadas.
Voltarás a ver-me transfigurado,
em êxtase feliz.
Já não esperando a morte,
mas caminhando comigo,
que te levarei pela mão aos caminhos
novos de luz e de vida.
Enxuga teu pranto e não chores
se me amas.

Santo Agostinho

QUANDO SUPERAREI O LUTO?

É a pergunta que surge constantemente. Quando se poderá dizer que o luto foi superado? A resposta não é imediata, pois nenhum luto é igual a outro. Em geral, pode-se dizer que a superação do luto requer a definição de metas e objetivos concretos a serem alcançados.

Não há superação sem uma "sadia violência", o que significa: "sofrer sadiamente para deixar de sofrer".

Para saber se o luto foi superado, há dois sinais concretos:

• a capacidade de, sem chorar, recordar e falar do ente querido que morreu;

• a capacidade de estabelecer novas relações e de mergulhar nos desafios da vida.

O fim do luto implica também clarificar os sentimentos, reelaborar idéias, consertar os curtos-circuitos entre mente e coração, purificar atitudes, mudar o ponto de vista sobre o sofrimento, impor-se objetivos que ajudarão a superar a situação, purificar a fé e a imagem falsa de Deus, aceitar as "leis" da vida, amar sem apegos, passar da resignação à aceitação, ir da desdita à paz e à felicidade...

Um sintoma infalível de recuperação é ajudar quem está de luto, tendo como base uma motivação sadia.

SE O SOFRIMENTO PESA TANTO

Se o sofrimento pesa tanto sobre nós, é porque não descobrimos certas coisas, é porque somos vítimas de uma cegueira: todo um modo de ver o mundo e as coisas deste mundo, e de ver a nós mesmos, a vida, a morte... Todo um modo de se relacionar com os outros, toda uma idéia de Deus, do futuro... Tudo isso não está à altura do que nos acontece quando sofremos. Haverá autêntica libertação do sofrimento quando enxergarmos o âmago das coisas, quando aceitarmos uma mudança radical.

Jean Vimort

Amar uma pessoa é dizer-lhe:
"Não morrerás".

G. Marcel

É BOM VISITAR O CEMITÉRIO?

Esta é uma pergunta bastante comum. Contudo, parece mais objetivo indagar: é positivo ou negativo visitar o cemitério para trabalhar o luto?

À primeira pergunta, respondemos: é bom. Produz catarse, possibilita chorar livremente, deixar de negar, assumir a realidade.

E respondemos: é positivo como expressão de carinho — ao rezar para o descanso eterno daquele que morreu, entrega-se a pessoa querida nas mãos de Deus. É positivo porque ajuda a desapegar — ao trabalhar gradualmente a dor da separação, aprende-se a dizer adeus.

O coração assimila lentamente o que o cérebro capta num instante.

É negativo enquanto não facilita a elaboração positiva do luto, levando a uma obsessão ligada ao ente querido que morreu ou à identificação com ele. É negativo, ainda, se anunciar que a vida não voltará à sua normalidade.

O que está na sepultura são os restos terrenos. No caixão foi plantada uma semente, e o fruto será colhido em teu amor purificado.

Os mortos não vivem no cemitério, mas muitos vivos morrem ali. É importante não morrer com os mortos.

EM VIDA, IRMÃO, EM VIDA

Se quiseres fazer feliz
a alguém que amas muito,
diga-o, agora, sê bom...
em vida, irmão, em vida...

    Se quiseres dar uma flor,
    não esperes que esse alguém morra;
    mande-a agora com amor...
    em vida, irmão, em vida...

Se quiseres dizer: "te amo"
às pessoas de tua casa
ou ao amigo de perto ou de longe...
em vida, irmão, em vida...

    Não esperes que as pessoas morram
    para amá-las
    e fazê-las sentir o teu afeto...
    em vida, irmão, em vida...

Tu serás muito mais feliz
se aprenderes a fazer felizes
a quantos conheces...
em vida, irmão, em vida...

    Não fiques obcecado em visitar panteões
    nem cobrir túmulos de flores;
    enche de amor os corações...
    em vida, irmão, em vida...

A. Rabate

DIAS QUE NÃO VIVEMOS

Um dos motivos pelos quais a morte
de uma pessoa próxima
se torna tão dolorosa
é a quantidade de coisas
que ficam sem ser ditas;
a quantidade de sentimentos
que quiséramos
ter manifestado,
mas que nunca nos atrevemos a dizer;
a quantidade de coisas
que quiséramos
ter ouvido e que nunca nos disseram;
a quantidade de momentos preciosos
que escaparam pelo ralo;
a quantidade de carícias
que nos ficaram presas nos dedos.

... Sem dúvida,
quando nos encontramos com os vivos,
calamos, omitimos...

Somos nós mesmos
que nos dissolvemos
em nossas próprias sombras,
nos dias que não vivemos.

Gustavo Wilches-Chaux

NAS DATAS MARCANTES

No nosso trabalho do luto, aparecem alguns dias específicos que, por si mesmos, acrescentam certa dose de angústia ao nosso sofrimento.

Os aniversários da morte e do nascimento da pessoa querida, entre outras datas importantes para a sua lembrança, são considerados como sérios obstáculos a serem superados em nossa caminhada de luto. Os dias da criança, do pai e da mãe agregam certa melancolia, já que neles se agrava o sentimento de ausência do ente querido. As festas de Natal e de fim de ano, por seu caráter religioso e familiar, também trazem uma nostalgia que se mistura com o ambiente de alegria e de tristeza.

Tudo isso é mais acentuado quando, pela primeira vez, as datas se aproximam, devido à novidade do fato e à incerteza que ele acrescenta.

Nós tivemos essa experiência e conseguimos sair fortalecidos, porque nos ensinaram a não imaginar — e antecipar — como seriam esses dias (a tendência geral é engrandecer os acontecimentos). Enfim, para nós, o resultado foi melhor do que se tivéssemos planejado.

Dissemos à nossa pequena Natália:

— Hoje faz um ano que Agu morreu.

E ela respondeu:

— E ontem, quanto fez?

Não é preciso se angustiar antecipadamente. E não há por que ficar só. Há pessoas com quem podemos partilhar esses dias. A paz e a serenidade, preferíveis ao bulício e às grandes festas, ajudam-nos a vivê-los com maior intensidade, experimentando seu verdadeiro sentido.

Solicitar uma missa em seu nome, produzir uma oração personalizada, realizar uma visita ao cemitério, dedicar um pensamento íntimo... proporcionam o recolhimento que se transforma em sentida homenagem ao ente falecido, servindo também para manifestarmos nossos sentimentos contidos.

Não somos vítimas de ninguém mais que de nós mesmos. Não vamos dar motivos para que se compadeçam de nós. Pelo contrário, se a nossa elaboração do luto foi positiva, esta deve ser a oportunidade para restabelecer o diálogo com as pessoas que não se encorajavam a falar conosco ou deixavam de fazê-lo para poupar-nos sofrimentos.

Ao chegar a um determinado dia, se então nada acontecer de acordo com o que havíamos programado, não nos devemos sentir culpados nem exigir mais do que podemos dar.

Se um dia qualquer for pior que o anterior, não significa que regredimos na caminhada do luto. A persistência na recaída é que, de fato, nos faz regredir.

As datas marcantes, bem como cada fase do luto, não serão superadas se as evitarmos ou se mergulharmos inteiramente nos problemas do dia-a-dia. Somente o confronto com elas irá ajudar-nos a crescer. De nada serve esquecê-las no primeiro ano, já que sempre haverá uma primeira vez até que consigamos superá-las.

Apesar de tudo, se continuamos abatidos e nos sentimos sem forças para prosseguir, deixemos que nos ajudem, pois sempre haverá alguém bem perto de nós. Uma oração ou um pedido a Cristo será suficiente para que nos sintamos consolados. E convém superarmos um preconceito: não é gozando menos a vida que vamos amar mais a quem morreu.

O nosso ser querido, lá do céu, vai gostar de nos ver tristes no trabalho, na família, na festa... na vida?

Gozar a vida é amar o nosso ser querido que morreu e amar-nos também.

TUAS LEMBRANÇAS FALAM DE TI

Depois dos ritos do velório e do enterro, que nos mostraram a dura realidade tal como era, passamos a enfrentar os percalços do difícil caminho da volta para casa sem a Agu.

Entrar em casa foi penoso. Olhamos em todos os cantos, tentando encontrá-la. Havia tudo, exceto ela. Uma sensação de vazio e de medo interior tomou conta de nós. Lá estava o tanque de água onde tentamos reanimá-la. A roupa de todos os dias da Agu ainda sem passar, os brinquedos preferidos dela espalhados pela casa, a "pepi" (sua mamadeira) deixada pronta para ela tomar, a fatídica piscina ainda instalada no quintal... tudo comprovando que a realidade tomava corpo. Que acabrunhamento diante de sua ausência!

Perguntávamos: Que vamos fazer com o que era dela? Vai entristecer-nos ver isso... Vamos dar? Vamos deixar tudo como era, como se nada tivesse acontecido?

Naquele momento, não tínhamos condições de tomar qualquer decisão importante. Era preferível guardar as coisas, ou pedir a alguém que o fizesse, até que psicologicamente estivéssemos em condições de decidir serenamente.

Sentíamos saudade dela ao ver seus pertences. Comprovavam a sua ausência. Sabíamos que eram inanimados, mas guardá-los conosco era como guardar "um pouco da alma" de nossa filha.

Como tantas outras vezes, Natália, sua irmãzinha, levou-nos a encontrar a saída. Em nossa família, era costume dar com freqüência certos brinquedos. Ela preferiu dar de presente os seus e continuar brincando alegremente com aqueles de Agu. Também quis ver as fotografias da Agu e os vídeos...

Nós, imitando o exemplo "adulto" de nossa filha, decidimos guardar as coisas mais usadas por Agu e abrir mão tranqüilamente do resto.

Doar as coisas que foram dela foi difícil para nós, porque parecia que a teríamos menos conosco.

Olhar para a Agu nas fotos, desde aquele primeiro dia, foi uma necessidade vital que satisfazíamos, pois, por meio delas, desabafávamos nossos sentimentos com repetidos choros. Passados dois meses, nossa atitude mudou. Escolhemos as que mais espelhavam sua formosura e começamos a nos alegrar com elas. Estávamos passando da lembrança que atormenta para a aceitação serena.

Assistir aos vídeos nos quais a nossa filha aparecia em movimento causou forte impacto, sobretudo na mãe Nora, grávida, o que ocasionou alguns problemas; no pai Daniel, provocou aperto no peito.

Mais tarde, quando nosso luto estava mais trabalhado, essas mesmas imagens eram vistas com outros olhos, mais calmos, com o mesmo amor e menos comoção.

Hoje, diríamos a Agu: tuas lembranças, querida, em nosso luto mais trabalhado, falam alegremente de ti.

DEUS, UMA ASSINATURA PENDENTE

A morte nos atingiu de perto, e foi doloroso ouvir frases como: "Deus precisava dela mais que vocês"; "Deus queria um anjo e por isso levou sua filha"; "Ele sabe o que é bom para nós". Nosso sentimento de culpa, então, acrescentava: "Deus castiga os pecadores".

Enfim, existe um Deus que faz justiça mediante prêmios e castigos, sem levar em conta os meios. Um Deus que usa o homem para satisfazer suas necessidades.

A esse Deus, acusamos e até insultamos: "Matou nossa filha para nos castigar e suprir a falta de anjos". Soa ridículo! Como pode existir um Deus que faz justiça por meio da morte de uma menina?

O Deus justo e onipotente, a quem aprendemos a amar e a deixar-nos amar por ele, nada tem a ver com este Deus — injusto, sádico e masoquista.

Jesus ensinou e mostrou que Deus Pai tem "um coração humano".

Nosso desafio está em poder abrir o coração, permitindo ao Deus verdadeiro que nos acompanhe na caminhada do sofrimento, infundindo-nos as forças necessárias para superá-lo. O sofrimento levou-nos a *conhecer* verdadeiramente Deus e a *purificar* a nossa fé.

Deus, sempre presente, ajuda-nos de várias e misteriosas maneiras. Está em nós saber percebê-las e acolhê-las.

ONDE ESTAVA DEUS NAQUELE MOMENTO?

Elie Wiesel, em sua novela *La noche, el alba, el día*, conta sua experiência pessoal num campo de concentração. Lá encontrou três prisioneiros que seriam enforcados: uma criança e dois adultos. Estes, pendurados na forca, morreram logo; mas a criança, devido ao seu pouco peso, teve sua agonia prolongada. A essa tortura todos os prisioneiros eram obrigados a assistir, servindo como castigo e advertência.

Diante da criança já agonizante, um prisioneiro perguntou em voz alta: "Onde está Deus neste momento?". Do íntimo de seu coração, Wiesel ouviu uma voz sussurrando: "Onde está Deus? Está aqui, enforcado nesta corda".

Deixe que Deus torne fecundo o seu sofrimento. E, quando estiver sofrendo, o encare de forma positiva, como Jesus.

---

* Cf. WIESEL, Elie. *La noche, el alba, el día*. Buenos Aires, Milá, 1998.

Quando sofremos, Deus nos fita nos olhos.

NO MEU SOFRIMENTO, PEÇO PERDÃO

Perdão por pensar que eras um Deus
sem entranhas e sem coração.

Perdão por crer, Senhor,
que evitavas meu olhar e minha razão.

Perdão por dizer: "Se fosse Deus,
seria mais humano e faria melhor".

Perdão, Senhor, por aviltar teu amor,
argumentando: "Isto é castigo de Deus".

Perdão por procurar o Deus todo-poderoso,
ignorando aquele que morreu numa cruz.

Perdão por "chantagear" minha cura
com esmolas, novenas ou peregrinações.

Perdão porque pensei em minha dor:
"Deus é mentira, quimera, invenção".

Perdão, não por eu ser humano,
mas por negar tua humanidade, Senhor.

Mateo Bautista[*]

---

[*] BAUTISTA, M. & PANGRAZZI, A. *Sana el corazón enfermo*: oraciones desde el sufrimiento. Buenos Aires, San Pablo, 1993. p. 98.

LÁ ESTÁ

Uma passagem comovente da Bíblia diz que: "A mãe de Jesus, a irmã da mãe dele, Maria de Cléofas, e Maria Madalena estavam junto à cruz" (Jo 19,25).

Lá está a mãe, firme. Não diz nada, mas está presente. Como as outras mulheres que a acompanham, não tem poder para evitar a morte. Em sua fragilidade cheia de coragem, permanece junto a seu Filho, inocente, santo, tudo para todos. Os outros o abandonaram e fugiram. Assim, cria laços de solidariedade acompanhando o Filho de Deus — e carne de sua carne — até o momento de sua viagem de retorno ao Pai.

Lá está, dolorosa, mas serena, diante do Filho em solidão, mas não sozinho. Fortalece uma fraqueza, capta o sentido de sua morte.

Lá está, perdoando os verdugos do único Filho de suas entranhas, fazendo-os seus próprios filhos.

Lá está sem questionar o amor do Pai, repetindo num momento de crise o seu já distante sim.

Lá está porque ali também está o Pai de Jesus, em silêncio, sem fazer qualquer milagre para seu Filho bemamado, com o coração quebrantado pela dor, mas respeitando a liberdade maligna do ser humano, apoiando Jesus que não pede nem faz um milagre sequer (cf. Lc 23,18-23).

Lá está Jesus, sentindo-se infinitamente amado em seu sofrimento, morrendo como viveu: "Pai, em tuas mãos entrego o meu espírito" (Lc 23,46), desejando que o Pai (cf. Mc 14,36) — que tem coração humano — dê sentido àquele fracasso e tire proveito do amor que ele colocava em seu sofrimento.

NEM MORTE NEM PRANTO...

Comenta-se que os homens são as únicas criaturas que enterram seus mortos.

A finalidade dos ritos religiosos de sepultura não é a de venerar os corpos, mas, sim, celebrar a memória do falecido, afirmar o valor da vida e colocar a morte no horizonte da esperança. Também ajuda a enfrentar a morte sem negá-la; a exteriorizar a aflição dando vazão às emoções; a reavivar a fé; a dar apoio aos familiares; a refletir sobre a morte evangelizando a vida; a proclamar um anúncio: *A vida dos que crêem em ti, Senhor, não termina, mas se transforma.*

A meta humana é a união plena com Deus: "Fizeste-nos para ti, Senhor, e nosso coração está inquieto até que descanse em ti" (Santo Agostinho).

Estamos amparados na morte e na ressurreição de Jesus que diz: "Eu vim para que tenham vida, e a tenham em abundância" (Jo 10,10).

Assim, pois, o apóstolo nos lembra: "Irmãos, não queremos que vocês ignorem coisa alguma a respeito dos mortos, para não ficarem tristes como os outros que não têm esperança" (1Ts 4,13).

E somos convidados a sempre pôr amor em todo sofrimento, para assim gozar: "...um novo céu e uma nova terra (...) Ele vai enxugar toda lágrima dos olhos deles, pois nunca mais haverá morte, nem luto, nem grito, nem dor" (Ap 21,1.4).

QUE BEM NOS TROUXE O SOFRIMENTO?

Somente depois de termos conseguido serenar nosso sofrimento, é que foi possível responder a esta pergunta. No começo, logo após a morte de nossa filha, pensávamos que ele fosse algo totalmente negativo.

Talvez tenhamos aqui o primeiro fruto: o crescimento tirado da dor.

Sempre que cairmos em nossa caminhada, na busca pela saída do túnel de qualquer infortúnio, saberemos que existem motivos para que se tenha esperança.

Nunca, como agora, havíamos reconhecido que a vida é um dom que Deus nos deu e que a merecemos quando a damos. E descobrimos que é essencial dar valor às pequenas coisas do dia-a-dia.

O sofrimento purificou nossa fé, nossos valores e nossas motivações. Abriu-nos para uma solidariedade maior. Nenhuma desventura agora nos é estranha.

A dor agiu como tentação para afastar-nos de Deus. Mas hoje vemos que o Senhor nunca esteve tão perto de nós. Agora, sim, o "estamos conhecendo".

E vamos culpar a nossa falecida filha pela nossa infelicidade? Não! O sofrimento nos ajudou a renascer para um amor sem apegos e ensinou-nos a respeitar sua nova vida.

O amor tem muitos modos de ver, ouvir e sentir.

O AMOR

O amor
     não dá mais
          do que de si próprio

e não tira
     nada
          a não ser de si próprio.

O amor
     não possui
          nem é possuído.

Porque o amor
     é todo
          para o amor.

                    Gibran Khalil Gibran

A DOAÇÃO DE ÓRGÃOS

É difícil para os pais e para todos os familiares enfrentar a autópsia do seu ente querido, ainda que contribua para o progresso da medicina.

Em meio a tanto sofrimento, surge outra pergunta importante: Devemos doar algum órgão do corpo de nosso ente querido? Questão esta relacionada ao altruísmo, que se complica por estar associada a um momento de tanta dor.

A doação precisa ser espontânea, não comercial nem imposta.

Não se mutila o espírito do falecido. Seu corpo é corruptível; sua alma, imortal. Sobre esse tema, não existe nenhuma objeção religiosa por parte da Igreja católica, muito pelo contrário.

A extração de órgãos só é feita após a morte cerebral. E a doação é um bem inestimável que os familiares podem proporcionar às pessoas que correm risco de morte. Enfim, o amor não só não morre, como também tem vocação para a vida. E seu ente querido pode fazer o milagre de dar vida após a morte.

A VIDA:
    MAIS FORTE
        QUE A MORTE

> *Quando uma flor morre,*
> *nasce uma semente;*
> *quando uma semente morre,*
> *nasce uma planta...*
> *E a vida continua*
> *seu caminho*
> *mais forte*
> *que a morte.*

R. Tagore

PARA QUEM ESTÁ EM LUTO

Eis algumas sugestões que podem ajudar:

1. Aceitar o tempo de sofrimento.
2. Aprender a se desapegar.
3. Comunicar o que está sentindo. Deixar-se ajudar.
4. Cuidar da saúde.
5. Tomar decisões prudentes, com tranqüilidade.
6. Ser paciente consigo e com os outros.
7. Libertar-se do sentimento de culpa. Perdoar e perdoar-se.
8. Perguntar-se: "Por quê? Para quê?".
9. Recorrer à fé, à Igreja, à oração.
10. Acreditar em si mesmo. Recuperar a auto-estima.
11. Criar novas amizades e novos relacionamentos.
12. Voltar a sorrir.
13. Passar a se doar, com sadia motivação.
14. Participar de grupos de ajuda mútua.
15. Se necessário, recorrer a um profissional da saúde.

PARA QUEM AJUDA

Não basta querer ajudar. É preciso saber ajudar. Para ajudar é importante:

1. Conhecer a dinâmica do processo de luto.
2. Evitar as "frases feitas".
3. Permitir, uma vez ou outra, o desabafo.
4. Tornar-se presente.
5. Provocar "contatos" freqüentes de ajuda.
6. Aproveitar qualquer recurso.
7. Acolher sempre os enlutados.
8. Incentivar escolhas.
9. Respeitar a variedade de reações no luto.
10. Ser sinal de esperança.
11. Ajudar a descobrir novas fontes de sentido para a vida.
12. Mobilizar os recursos comunitários.
13. Ser mediador.
14. Apoiar a fé.
15. Ser muito paciente.

Aprendam a ver-me com os olhos da alma.

CARTA À NOSSA FILHA AGUSTINA

Hoje te prestamos homenagem. Guiados por ti, abre-se um novo caminho para nossas vidas. Foi-nos pedida uma nova missão: ajudar as pessoas que sofrem.

Por intermédio de ti, é mais fácil pedir ao Pai, com quem certamente brincas todos os dias, que nossas vontades e nossas forças continuem orientadas para esse objetivo.

A possibilidade de participar neste livro, no qual tu és protagonista, é um orgulhoso começo para a nossa missão em tua memória.

A ti, Agu, devemos nosso reencontro com Deus, nosso amor para com o próximo que sofre e, quem sabe, nosso caminho para a salvação.

Diante de tantas obrigações, só nos resta a alternativa de cumpri-las e "dar-te" a liberdade para que vivas tua vida, embora esta se desenrole em dimensão diferente da nossa.

A ti, Agu, pedimos: ensina-nos a ver-te para dizer-te o quanto te amamos, permite-nos sentir-te para poder abraçar-te, ensina-nos a escutar-te para que nos orientes nesse mundo imperfeito.

Sabemos que respondes às nossas súplicas: "Aprendam a ver-me com os olhos da alma, sintam minha presença em cada um de seus atos, abracem-me em seus sonhos, para os quais devem abrir-se, deixem-se orientar e falem-me com a voz do coração, que eu saberei escutá-los e responderei. Depende de vocês fazer isso. Lembrem sempre que só junto a Deus se encontra segurança e que nenhuma impureza conseguirá manchar minha felicidade".

Agu, apesar de tudo, nada nos separará de ti.

A esperança do reencontro contigo nos ajuda a aceitar o presente, pensando num futuro de paz e de serenidade junto a ti, para sempre.

Querida Agu, tua família te diz: "A-Deus!".

DOIS DISCÍPULOS EM LUTO

Nesse mesmo dia, dois discípulos iam para um povoado, chamado Emaús, distante onze quilômetros de Jerusalém. Conversavam a respeito de tudo o que tinha acontecido. Enquanto conversavam e discutiam, o próprio Jesus se aproximou, e começou a caminhar com eles. Os discípulos, porém, estavam como que cegos, e não o reconheceram. Então Jesus perguntou: "O que é que vocês andam conversando pelo caminho?". Eles pararam, com o rosto triste. Um deles, chamado Cléofas, disse: "Tu és o único peregrino em Jerusalém que não sabe o que aí aconteceu nesses últimos dias?". Jesus perguntou: "O que foi?". Os discípulos responderam: "O que aconteceu a Jesus, o Nazareno, que foi um profeta poderoso em ação e palavras, diante de Deus e de todo o povo. Nossos chefes dos sacerdotes e nossos chefes o entregaram para ser condenado à morte, e o crucificaram. Nós esperávamos que fosse ele o libertador de Israel, mas, apesar de tudo isso, já faz três dias que tudo isso aconteceu! É verdade que algumas mulheres do nosso grupo nos deram um susto. Elas foram de madrugada ao túmulo, e não encontraram o corpo de Jesus. Então voltaram, dizendo que tinham visto anjos, e estes afirmaram que Jesus está vivo. Alguns dos nossos foram ao túmulo, e encontraram tudo como as mulheres tinham dito. Mas ninguém viu Jesus".

Então Jesus disse a eles: "Como vocês custam para entender, e como demoram para acreditar em tudo o que os profetas falaram! Será que o Messias não devia sofrer tudo isso para entrar na sua glória?". Então, começando por Moisés e continuando por todos os Profetas, Jesus explicava para os discípulos todas as passagens da Escritura que falavam a respeito dele.

Quando chegaram perto do povoado para onde iam, Jesus fez de conta que ia mais adiante. Eles, porém, insistiram com Jesus, dizendo: "Fica conosco, pois já é tarde e a noite vem chegando". Então Jesus entrou para ficar com eles. Sentou-se à mesa com os dois, tomou o pão e abençoou, depois o partiu e deu a eles. Nisso os olhos dos discípulos se abriram, e eles reconheceram Jesus. Jesus, porém, desapareceu da frente deles.

Então um disse ao outro: "Não estava o nosso coração ardendo quando ele nos falava pelo caminho, e nos explicava as Escrituras?". Na mesma hora, eles se levantaram e voltaram para Jerusalém, onde encontraram os Onze, reunidos com os outros. E estes confirmaram: "Realmente, o Senhor ressuscitou e apareceu a Simão!". Então os dois contaram o que tinha acontecido no caminho e como tinham reconhecido Jesus quando ele partiu o pão (Lc 24,13-35).

Esse relato narra uma revelação pós-pascal que aconteceu a dois discípulos que viveram muito perto de Jesus, que o tocaram com suas mãos, o viram com seus olhos, escutaram suas predições, testemunharam sua ação. São muito próximos ao grupo dos apóstolos. E agora?

Agora só resta a memória de um mestre fracassado, contestado pelos dirigentes do povo, abandonado pelos seus, condenado como um blasfemo e rebelde e... assassinado. Que fracasso! Que desilusão!

Mas eles continuam amando-o, por isso estão enlutados. Não sabem como reagir.

Tinham ouvido de algumas "mulheres do nosso grupo" que o sepulcro estava vazio e que o mestre estava vivo. Mas como não o tinham visto nem tocado, sentiam-se tristes. Tudo corria tão bem! "Nós esperávamos que fosse ele o libertador de Israel" (Lc 24,21). Todas as expectativas caíram por terra. A morte levou o mestre e amigo, destruindo da noite para o dia os projetos futuros. E deixou-os em luto.

Todas as palavras e feitos de Jesus que se referiam à ressurreição não consolavam o seu coração. As palavras: "Eu sou a ressurreição e a vida" (Jo 11,25) não conseguiam dar-lhes ânimo. Nem o fato de ter visto ressuscitar mortos.

Enquanto eles se distanciam dos fatos, da realidade, Jesus ressuscitado se aproxima, faz-se companheiro de viagem, na perda, no sofrimento e na confusão. Proporciona-lhes companhia na solidão. Caminha com eles em silêncio. Depois de proporcionar-lhes sua presença, convida-os a contar o que aconteceu, para que seu coração se desabafe e comecem a entender algo sobre aquela morte inexplicável. Os discípulos, durante um bom tempo, falaram do mestre e amigo que tinha morrido, contando detalhes de sua morte.

Desta forma, aqueles discípulos trabalham o seu luto.

Jesus respeita a sua tristeza, aceita seu abatimento, compreende sua "incompreensão" a respeito dos acontecimentos, pois o sofrimento acarreta grande confusão se a fé não estiver suficientemente purificada. A *lógica da morte*, iluminada pela *inteligência da fé*, adquire novo sentido de *lógica da vida*.

E chega o momento, depois de uma escuta incondicional, de proporcionar ao processo de luto uma *sadia confrontação* e não um enfrentamento. Jesus leva-os a reagir com seus argumentos. Nada de mais prático que uma boa teoria. Lembra-lhes aquilo que já sabem pela razão, mas que ainda não foi assimilado pelo coração: "Não era necessário que o Cristo...?". O confronto empático elimina a miopia de que sofrem, abrindo sadias possibilidades de amadurecimento a partir do próprio sofrimento. Pode-se dizer que, num luto sadio, *se faz uso do sofrimento*. E Jesus continua caminhando com eles.

Com sua atitude *empática*, o companheiro de caminhada torna-se merecedor de *hospitalidade*. Pedemlhe que fique com eles. No entardecer da peregrinação daquelas pessoas em crise, justamente quando mais se precisa ter alguém ao lado, Jesus se torna hóspede deles. Não é fácil fazer-se hóspede de quem está sofrendo, partilhar de sua casa e de sua mesa! Agora sim se pode falar de assuntos que o sofrimento havia tornado tabu e que até então machucavam. Agora sim se faz necessário falar sobre eles para deixar de sofrer. Jesus, especialista em sadias relações de ajuda, dá um passo à frente. Esclarece o tema da morte a seus discípulos e, "a partir daí, procura tranqüilizar o coração deles. Com surpresa, o reconhecem "na fração do pão", na eucaristia.

É significativo! Estavam sofrendo por causa de uma morte que, *na lógica de sua fé*, era vida. Por causa desta crise, estavam-se afastando dos Onze (dos apóstolos), e Jesus consegue devolvê-los à comunhão, à Igreja. Estavam desanimados e um defunto aqueceu o seu coração: "Não ardia o nosso coração...". Queriam-no em *carne e osso* e nunca o tiveram tão perto. O defunto fez-se mestre dos vivos que *morriam num luto insano*. Jesus lhes mostrou que o segredo da morte está no coração da vida e do amor. Abriu-lhes os olhos para que pudessem ver além das aparências, do imediato.

E aconteceu algo insólito: puseram-se a caminho, de noite, para tornar-se companheiros de outros enlutados, ajudando-os a descobrir as *novas presenças* do Ressuscitado.

Caminhos da vida. Caminho que vai a Jerusalém, à pátria livre, que passa pela cruz, expressão de um amor com efeitos evidentes. Caminho de Emaús a Jerusalém, para renascer no luto. Caminho de Jerusalém a Jericó, caminho do bom samaritano, caminho de uma solidariedade nova produzida pelo sofrimento sadiamente trabalhado.

Caminhar! Renascer no luto!

CAMINHO DE VIDA

O sofrimento, Senhor,
sempre me causou medo...
e continua causando.
Devo, porém, confessar
que o sofrimento também me amadureceu,
que algo mudou em mim.
Acreditava que minha segurança se fundava
na vitalidade física e no sucesso.
Sentia minha vida como se fosse um direito,
como uma perspectiva sem fim,
como se nunca tivesse de morrer.
Mas a brutalidade do sofrimento
desfez meus sonhos
e deitou por terra minhas seguranças.
Estou descobrindo uma realidade diferente,
uma realidade mais profunda.
Aprendi a refletir e a contemplar.
Descobri o coração da vida:
a importância de amar e ser amado;
a satisfação íntima de possuir
uma sensibilidade mais profunda
e uma fé mais autêntica.
Mas não é fácil, Senhor, e tu o sabes,
transformar o sofrimento em caminho de vida.

A. Pangrazzi[*]

---

[*] Pangrazzi, A. & Bautista, M. *Sana el corazón enfermo*: oraciones desde el sufrimiento. Buenos Aires, San Pablo, 1993. p. 24.

O maior presente ao ente querido que morreu:
que nos veja felizes.

... PORQUE O AMOR NÃO MORRE

Queridos, não chorem.
Eu vou para o Senhor,
vou esperá-los na glória.

Morro, mas meu amor não morre:
vou amá-los no céu
como os amei na terra.

Não se deixem abater pelo sofrimento.
Não olhem para a vida que acabo,
mas para a vida que começo.

Peço apenas que se lembrem de mim
diante do altar de Deus.

(Últimas palavras de santa Mônica,
mãe de santo Agostinho, em
Confissões, livro IX, capítulo XI.)

AJUDA-TE

Para meditar

- João 11,1-45
- Marcos 12,24-27
- 1Coríntios 15
- 1Tessalonicenses 4,13-18

Para rezar

- Salmo 23: "O Senhor é o meu pastor".
- Salmo 16: "Guarda-me, Deus, pois eu me abrigo em ti".
- BLANK, Renold J. *Consolo para quem está de luto.* São Paulo, Paulinas, 2001.

SUMÁRIO

Prólogo 7

A mais dura experiência 11

Reações diante da morte 15

Por quê? Por quê? Por quê? 17

Sê paciente com tuas perguntas 18

A sombra da culpa 19

Quando a tristeza incomoda 21

O processo do luto 22

O casal 24

Os outros filhos 26

Os irmãos também ficam de luto 27

Os amigos 33

Como ajudar um casal amigo que perdeu

    um filho? 34

Alguém pode entender o nosso sofrimento? 36

Senhor, concede-me... 37

A morte do pai ou da mãe 38

A viuvez 40

Ofereço-te minha dor 43

Na morte de um amigo 44

Os lutos extraordinários 46

Saber dizer adeus 50

Dor e sofrimento: diferença fundamental 52

Sofrer sadiamente para deixar de sofrer 55

O sentido do sofrimento 57

E chamo um amigo 58

Ajudar-se ajudando 60

Os grupos de ajuda mútua 61

Perder, partir ou morrer? 65

Aprendendo a amar 66

Se te permitissem um desejo... 67

Quantos apegos! 68

Sejam felizes! 70

Quando superarei o luto? 72

Se o sofrimento pesa tanto 73

É bom visitar o cemitério? 75

Em vida, irmão, em vida 76

Dias que não vivemos 77

Nas datas marcantes 78

Tuas lembranças falam de ti 80

Deus, uma assinatura pendente 82

Onde estava Deus naquele momento? 83

No meu sofrimento, peço perdão 85

Lá está 86

Nem morte nem pranto... 87

Que bem nos trouxe o sofrimento? 88

A doação de órgãos 90

Para quem está em luto 92

Para quem ajuda 93

Carta à nossa filha Agustina 95

Dois discípulos em luto 96

Caminho de vida 101

... Porque o amor não morre 103

Ajuda-te 104

Impresso na gráfica da
Pia Sociedade Filhas de São Paulo
Via Raposo Tavares, km 19,145
05577-300 - São Paulo, SP - Brasil - 2014